ADVANCED READER

Lies mit mir!

3

HOLT, RINEHART AND **WINSTON**

A Harcourt Education Company

Austin • Orlando • Chicago • New York • Toronto • London • San Diego

Prepared by:
George Winkler

Front and Back Cover Photography credits: sky and hot air balloon, © Corbis Images; students, HRW Photo/Sam Dudgeon.

Acknowledgments:

For permission to reprint copyrighted material, grateful acknowledgment is made to the following sources:

Fischer Taschenbuch Verlag GmbH: "Angst" by Anne Frank from *Spur eines Kindes* by Ernst Schnabel. Copyright © 1958 by Fischer Bücherei KG, Frankfurt am Main.

Hermann Luchterhand Verlag: "Masken" from *Etwas außerhalb der Legalität und andere Erzählungen* by Max von der Grün. Copyright © 1980 by Hermann Luchterhand Verlag, Darmstadt und Neuwied.

Patmos Verlag GmbH & Co KG: "Der Milchmann" and "Die Tochter" from *Eigentlich möchte Frau Blum den Milchmann kennen lernen* by Peter Bichsel. Copyright © 1964 by Walter-Verlag AG, Olten.

Piper Verlag, München: "Die Fähre" by Ingeborg Bachmann from *Werke, Band 2, Erzählungen,* edited by Christine Koschel, Inge von Weidenbaum, Clemens Münster. Copyright © 1978 by Piper Verlag, München.

Rotbuch Verlag GmbH & Co KG: "Kämpfen oder Klappe halten" by Mihriban from *Koppstoff: Kanaka Sprak vom Rande der Gesellschaft* by Feridun Zaimoglu. Copyright © 1998 by Europäische Verlagsanstalt/Rotbuch Verlag Hamburg.

ACKNOWLEDGMENTS continued on page 150, which is an extension of the copyright page

To the Student

You might think that reading is a passive activity, but something mysterious happens as you read. The words on a page enter your mind and interact with whatever else happens to be there—your experiences, thoughts, memories, hopes, and fears. If a character says, "I had to run away. I had no choice," you might say, "Yeah, I know what that feels like." Another reader, however, may say, "What is he talking about? You always have a choice." We all make our own meaning depending on who we are. Here are some of the ways we do that:

1. **We connect with the text.** We might think, "This reminds me of something," or "I once did that."

2. **We ask questions.** We ask about unfamiliar words, or about what might happen next, or about a character's motivation.

3. **We make predictions.** We may not realize that we are making predictions as we read, but if we've ever been surprised by something in a story, that means we had predicted something else.

4. **We interpret.** We figure out what each part of a story means and how the parts work together to create meaning.

5. **We extend the text.** We extend the meaning of a story to the wider life around us, including actual life, films, and other stories.

6. **We challenge the text.** We might feel that a character is not realistic, or that the plot is poor, or that we don't like the writing.

Experienced readers develop reading skills that help them do all these things. As you read through **Lies mit mir!** you will encounter many kinds of texts: fairy tales, fables, short stories, anecdotes, articles found in magazines, poems, verses, songs, sayings, quotations, jokes, riddles, tongue twisters, memory games, and more. Some of them you will be able to read right away others will require more effort on your part. Each text comes with pre-reading and during-reading strategies, as well as post-reading activities. These will help you decode the text quicker and better understand its meaning, and therefore enjoy it more!

Table of Contents

Kapitel 1

Kapitel 2

Kapitel 3

Kapitel 4

Kapitel 5

Kapitel 6

Kapitel 8

Kapitel 7

Kapitel 9

Kapitel 10

Kapitel 11

Kapitel 12

Kapitel

1

Vor dem Lesen
Meine ungezählte Geliebte

Lesestrategie

Den Hauptgedanken identifizieren Der Hauptgedanke ist die wichtigste Aussage im Text – die Mitteilung, Meinung oder Einsicht – auf der der Text basiert. Die näheren Einzelheiten, die der Autor in den Text bringt, sind Informationen, welche den Hauptgedanken weiter erklären. Beim Lesen erkennen wir entweder sofort den Hauptgedanken und suchen danach nach den Einzelheiten, die den Hauptgedanken bekräftigen, oder wir beginnen mit den Einzelheiten und gebrauchen diese, um den Hauptgedanken zu erkennen.

Übungen

1 Lies den folgenden Textauszug (*excerpt*), in dem eine Reihe von Begebenheiten (*events*) beschrieben wird. Bestimme dann, welchen Hauptgedanken diese Einzelheiten ausdrücken könnten. Denk daran, dass mehrere Interpretationen richtig sein können. Begründe deine Meinung.

. . . Bauer Gebhardt steht jeden Morgen um 4 Uhr auf. Er füttert die Kühe und Schweine. Danach arbeitet der Bauer auf dem Feld. Mittagspause macht er auf seinem Heuwagen. Am Abend reinigt er die Ställe und repariert die Maschinen. Oft sieht er seine Familie nur beim Abendbrot. Er geht gewöhnlich sehr früh zu Bett.

2 Schreibe diesen Satz fertig.

Ich glaube, dass _____ der Hauptgedanke ist, weil _____ .

Landeskunde

Heinrich Böll, ein führender Vertreter der modernen deutschen Literatur, wurde 1917 in Köln geboren. Er war von 1939 bis 1945 Soldat, und nach dem Krieg studierte er Germanistik. Ab 1947 veröffentlichte er Hörspiele, Kurzgeschichten, Essays und wurde später besonders durch seine Romane bekannt, wie zum Beispiel *Ansichten eines Clowns* (1963), *Gruppenbild mit Dame* (1971) und *Die verlorene Ehre der Katharina Blum* (1974). 1972 erhielt Böll den Nobelpreis für Literatur. In den Jahren 1971-1974 war Heinrich Böll Präsident des internationalen PEN-Clubs. Böll starb 1985 in Köln.

Heinrich Böll

Beim Lesen

Was kann passieren, wenn man einen ganz monotonen Job hat?

A. Welche Aufgabe hat der Mann? Warum sitzt er dabei?

B. Wer ist „sie" oder „ihnen"?

C. Wie zeigt es sich, dass sich die Leute über das Ergebnis seiner Arbeit freuen?

D. Warum stimmen die Zahlen nicht, die der Mann ihnen gibt?

Meine ungezählte Geliebte

Die haben mir die Beine geflickt[1] und haben mir einen Posten gegeben, wo ich sitzen kann: Ich zähle die Leute, die über die neue Brücke gehen. Es macht ihnen ja Spaß, sich ihre Tüchtigkeit[2] mit Zahlen zu belegen, sie berauschen sich an[3] diesem sinnlosen Nichts aus ein paar Ziffern, und den ganzen Tag geht mein stummer Mund wie ein Uhrwerk, indem ich Nummer auf Nummer häufe, um ihnen abends den Triumph einer Zahl zu schenken. Ihre Gesichter strahlen, wenn ich ihnen das Ergebnis meiner Schicht mitteile[4], je höher die Zahl, um so mehr strahlen sie, und sie haben Grund, sich befriedigt[5] ins Bett zu legen, denn viele Tausende gehen täglich über ihre neue Brücke . . .

Aber ihre Statistik stimmt nicht. Es tut mir Leid, aber sie stimmt nicht. Ich bin ein unzuverlässiger[6] Mensch, obwohl ich es verstehe, den Eindruck von Biederkeit[7] zu erwecken.

Insgeheim macht es mir Freude, manchmal einen zu unterschlagen[8], und dann wieder, wenn ich Mitleid empfinde[9], ihnen ein paar zu schenken. Ihr Glück liegt in meiner Hand. Wenn ich wütend bin, wenn ich nichts zu rauchen habe, gebe ich nur den Durchschnitt an, manchmal über dem Durchschnitt, und wenn mein Herz aufschlägt, wenn ich froh bin, lasse ich meine Groß-

---

1 mended **2** efficiency **3** are enraptured with **4** tell **5** satisfied **6** unreliable
7 of honesty **8** to skip one **9** when I feel pity

zügigkeit[1] in einer fünfstelligen Zahl verströmen. Sie sind ja so glücklich! Sie reißen mir förmlich das Ergebnis jedesmal aus der Hand, und ihre Augen leuchten auf, und sie klopfen mir auf die Schulter. Sie ahnen ja nichts[2]! Und dann fangen sie an zu multiplizieren, zu dividieren, zu prozentualisieren, ich weiß nicht was. Sie rechnen aus, wie viel heute über die Brücke gehen und wie viel in zehn Jahren über die Brücke gegangen sein werden[3]. Sie lieben das zweite Futur, das zweite Futur[4] ist ihre Spezialität — und doch, es tut mir Leid, dass alles nicht stimmt . . .

Wenn meine kleine Geliebte über die Brücke kommt – und sie kommt zweimal am Tage –, dann bleibt mein Herz einfach stehen. Das unermüdliche Ticken meines Herzens setzt einfach aus, bis sie in die Allee eingebogen und verschwunden ist. Und alle, die in dieser Minute passieren, verschweige ich ihnen[5]. Diese zwei Minuten gehören mir, mir ganz allein, und ich lasse sie mir nicht nehmen. Und auch wenn sie abends wieder zurückkommt aus ihrer Eisdiele — wenn sie auf der anderen Seite des Gehsteiges meinen stummen Mund passiert, der zählen, zählen muss, dann setzt mein Herz wieder aus, und ich fange erst wieder an zu zählen, wenn sie nicht mehr zu sehen ist. Und alle, die das Glück haben, in diesen Minuten vor meinen blinden Augen zu defilieren,

Beim Lesen

E. Wann gibt er eine höhere Zahl an?

F. Was machen die Statistiker mit der Information?

G. Wen zählt der Mann nie? Warum nicht?

H. Wann zählt er die anderen auch nicht?

---

1 generosity   **2** They suspect nothing!   **3** will have crossed the bridge
4 the future perfect   **5** I keep from them

I. Wovon weiß das Mädchen nichts?

J. Wovor hat ein Kumpel den Mann neulich gewarnt?

gehen nicht in die Ewigkeit der Statistik ein: Schattenmänner[1] und Schattenfrauen, nichtige Wesen[2], die im zweiten Futur der Statistik nicht mitmarschieren werden . . .

Es ist klar, dass ich sie liebe. Aber sie weiß nichts davon, und ich möchte auch nicht, dass sie es erfährt. Sie soll nicht ahnen, auf welche ungeheure Weise sie alle Berechnungen über den Haufen wirft[3], und ahnungslos und unschuldig soll sie mit ihren langen braunen Haaren und den zarten Füßen in ihre Eisdiele marschieren, und sie soll viel Trinkgeld bekommen. Ich liebe sie. Es ist ganz klar, dass ich sie liebe.

Neulich haben sie mich kontrolliert. Der Kumpel, der auf der anderen Seite sitzt und die Autos zählen muss, hat mich früh genug gewarnt, und ich habe höllisch aufgepasst. Ich habe gezählt wie verrückt, ein Kilometerzähler kann nicht besser zählen. Der

K. Warum hatte der Oberstatistiker eine Zahl mehr?

Oberstatistiker selbst hat sich drüben auf die andere Seite gestellt und hat später das Ergebnis einer Stunde mit meinem Stundenplan verglichen[4]. Ich hatte nur einen weniger als er. Meine kleine Geliebte war vorbeigekommen, und niemals im Leben werde ich dieses hübsche Kind ins zweite Futur transportieren lassen, diese meine kleine Geliebte soll nicht multipliziert und dividiert und in

. . . .

1 phantoms   **2** inconsequential beings   **3** throws all calculations in the wind
4 compared

ein prozentuales Nichts verwandelt[1] werden. Mein Herz hat mir geblutet, dass ich zählen musste, ohne ihr nachsehen zu können, und dem Kumpel drüben, der Autos zählen muss, bin ich sehr dankbar gewesen. Es ging ja glatt um meine Existenz[2].

Der Oberstatistiker hat mir auf die Schulter geklopft und hat gesagt, dass ich gut bin, zuverlässig und treu. „Eins in der Stunde verzählt", hat er gesagt, „macht nicht viel. Wir zählen sowieso einen gewissen prozentualen Verschleiß hinzu[3]. Ich werde beantragen[4], dass Sie zu den Pferdewagen versetzt werden[5]."

Pferdewagen sind natürlich die Masche[6]. Pferdewagen ist ein Lenz[7] wie nie zuvor. Pferdewagen gibt es höchstens fünfundzwanzig am Tage, und alle halbe Stunde einmal in seinem Hirn[8] die nächste Nummer fallen zu lassen, das ist ein Lenz!

Pferdewagen wäre herrlich. Zwischen vier und acht dürfen überhaupt keine Pferdewagen über die Brücke, und ich könnte spazieren gehen oder in die Eisdiele, könnte sie mir lange anschauen oder sie vielleicht ein Stück nach Hause bringen, meine kleine ungezählte Geliebte . . .

HEINRICH BÖLL

L. Warum musste der Mann besonders genau zählen?

M. War der Oberstatistiker mit dem Ergebnis des Mannes zufrieden?

N. Was will der Oberstatistiker beantragen?

O. Warum ist es gut, Pferdewagen zu zählen?

P. Was könnte der Mann dann in seiner „Freizeit" tun?

1 transformed into a percentual nothing   **2** My existence was plainly at stake.
3 we include a margin of error   **4** I'll propose   **5** that you be transferred   **6** the soft job   **7** an easy time   **8** brain

Nach dem Lesen
Übungen

 1 Welche Satzteile passen zusammen?

Der Mann an der Brücke erzählt seine Geschichte noch einmal. — Welche Satzteile auf der rechten Seite vervollständigen die Erzählung auf der linken Seite?

1. Ich zähle Leute, _____.
2. Mein stummer Mund _____.
3. Wenn ich ihnen die Zahlen gebe, _____.
4. Es macht mir aber Freude, _____.
5. Wenn ich wütend bin, _____.
6. Und wenn ich froh bin, _____.
7. Aber wenn meine Geliebte kommt, _____.
8. Alle Leute, die dann vorbeigehen, _____.
9. Ich zähle erst wieder, _____.
10. Es ist klar, dass ich sie liebe, _____.
11. Neulich hat man mich _____.
12. Ich habe gezählt _____.
13. Und ich hatte nur einen weniger _____.
14. Meine kleine Geliebte aber _____.
15. Sie soll nicht _____.
16. Jetzt werde ich versetzt _____.
17. Pferdewagen wäre herrlich, denn _____.
18. Ich könnte meine kleine Geliebte _____.

a. aber sie weiß nichts davon
b. als der Oberstatistiker
c. dann höre ich auf zu zählen
d. die über die Brücke gehen
e. es gibt höchstens 25 am Tag
f. gebe ich ihnen fünfstellige Zahlen
g. gebe ich nur den Durchschnitt an
h. geht wie ein Uhrwerk
i. habe ich nicht gezählt
j. in der Eisdiele besuchen
k. kontrolliert
l. multipliziert und dividiert werden
m. strahlen ihre Gesichter
n. verschweige ich ihnen
o. wenn ich manchmal einen unterschlage
p. wenn sie verschwunden ist
q. wie verrückt
r. zu den Pferdewagen

2 Welches Verb aus dem Kasten passt?

1. auf die Schulter _____
2. Spaß _____
3. den Eindruck _____
4. Leid _____
5. Freude _____
6. Mitleid _____
7. aus der Hand _____
8. über den Haufen _____

machen		werfen
reißen	klopfen	machen
erwecken	empfinden	tun

3 Welches Wort passt in welche Lücke?

Ergänze den Text mit einem passenden Wort aus dem Kasten.

anschauen	fallen	höchstens	Stück	wäre
bringen	Geliebte	Lenz	Stunde	Zwischen
Brücke	Hirn	Masche	Eisdiele	

Pferdewagen sind natürlich die __1__. Pferdewagen ist ein __2__ wie nie zuvor. Pferdewagen gibt es __3__ fünfundzwanzig am Tage, und alle halbe __4__ einmal in seinem __5__ die nächste Nummer __6__ zu lassen, das ist ein Lenz!

Pferdewagen __7__ herrlich. __8__ vier und acht dürfen überhaupt keine Pferdewagen über die __9__, und ich könnte spazieren gehen oder in die __10__, könnte sie mir lange __11__ oder sie vielleicht ein __12__ nach Hause __13__, meine kleine ungezählte __14__ . . .

4 Aus dem Text heraussuchen

1. Suche die Wörter aus dem Text heraus, die den Mann beschreiben.
   Fang so an: Seine Beine sind geflickt; er sitzt und zählt Leute; . . .

2. Suche die Wörter aus dem Text heraus, die das Mädchen beschreiben.
   Fang so an: Er nennt das Mädchen „meine kleine Geliebte"; sie kommt zweimal am Tage über die Brücke; . . .

3. Suche die Wörter aus dem Text heraus, die die Statistiker beschreiben.
   Fang so an: Ihr Gesichter strahlen; sie reißen mir das Ergebnis jedesmal aus der Hand; . . .

5 Zum Diskutieren

Setzt euch in kleinen Gruppen zusammen und diskutiert die folgenden Fragen.

1. Woher weiß man, dass der Mann seine Arbeit nicht ernst nimmt?

2. Liebt er das Mädchen wirklich?

3. Die kleine Geliebte soll keine Zahl werden; sie soll nicht in die Statistik eingehen. – Wie wird man heutzutage „eine Zahl"?

4. Was sagt diese Geschichte, die in der Nachkriegszeit geschrieben wurde, über unsere heutige Zeit aus? Wie wichtig sind Zahlen in unserem Leben?

Dies und das

1 **Lies die folgenden Gedichte**

Und als wir ans Ufer kamen

Und als wir ans Ufer kamen
Und saßen noch lang im Kahn
Da war es, dass wir den Himmel
Am schönsten im Wasser sahn
Und durch den Birnbaum flogen
Paar Fischlein. Das Flugzeug schwamm
Quer durch den See und zerschellte
Sachte am Weidenstamm

— am Weidenstamm

Was wird bloß aus den Träumen
In diesem zerrissnen Land
Die Wunden wollen nicht zugehn
Unter dem Dreckverband
Und was wird mit unsern Freunden
Und was noch aus dir, aus mir —
Ich möcht am liebsten weg sein
Und bleibe am liebsten hier

— am liebsten hier

Dieses Gedicht ist von Wolfgang Biermann, der 1936 in Hamburg geboren wurde. Nach dem Auftrittsverbot 1965 entzog die damalige DDR Wolf Biermann die Staatsbürgerschaft.

Biermann bei einem Konzert 1976 in Köln.

• **Kapitel**

2 *Vor dem Lesen*
Gedichte

Lesestrategie

Den Hauptgedanken durch die Einzelheiten erkennen Die Textsorte kann oft bestimmen, welche Lesestrategie man am besten anwenden kann. Beim Lesen eines Gedichtes, zum Beispiel, kann man von den Einzelheiten ausgehen und versuchen, die Wortbilder, Symbole und die Bedeutung der einzelnen Wörter zu erkennen. Danach kann man sich entscheiden, was der Hauptgedanke des Gedichtes ist. Denk daran, dass es nicht nur eine Interpretation des Textes gibt!

Übungen

 1 Überleg dir, wie du dem Leser den Hauptgedanken mit Hilfe vieler Einzelheiten deutlich machen kannst. Stell dir vor, du erzählst einem Freund, was du alles am letzten Wochenende gemacht hast. Ohne dass du es ausdrücklich sagst, weiß dein Freund, ob dein Wochenende toll oder langweilig war. Das gleiche gilt auch für geschriebene Texte, wie Gedichte.

2 Schreib Einzelheiten, die nötig sind, um einen nicht ausgesprochenen Hauptgedanken ganz deutlich zu machen. Die Informationen, die du gibst, müssen ausreichen, um dem Hörer oder Leser den Hauptgedanken zu vermitteln. Wähle eine der beiden Möglichkeiten unten.

_____   Hauptgedanke, der NICHT gesagt wird: _____

_____   **Ich hatte ein tolles / langweiliges**   _____

_____   **Wochenende!**   _____

Landeskunde

Das Märchen.

Die Romantik ist ein Begriff für die geistige, künstlerische und insbesondere die literarische Bewegung in Europa, die 1790 beginnt und 1830 endet. In der romantischen Dichtung spielen Gefühl, Phantasie, Sehnsucht und Unterbewusstsein eine große Rolle — sowie eine stimmungsvolle Umgebung oder Situation. Die Dichter dieser Bewegung wenden sich oft der Geschichte zu, und das Interesse richtet sich auf das Mittelalter. Märchen werden wiederentdeckt, und Volkslieder und Sagen werden gepflegt.

Kurzbiografien deutscher Dichter
In diesem Kapitel:

Johann Wolfgang von Goethe (1749–1832), der bedeutendste deutsche Dichter, war mit allen geistigen Strömungen seiner Zeit vertraut. Er wirkte politisch, naturwissenschaftlich, medizinisch, architektonisch und theaterwissenschaftlich.

Friedrich von Schiller (1759–1805) war der bedeutendste Dramatiker des 18. Jahrhunderts. In seinen Dramen behandelt er die innere Freiheit der Seele und die Idee der Freiheit im Allgemeinen.

Clemens Brentano (1778–1842), Sohn einer eingewanderten italienischen Kaufmannsfamilie, kreiert eine Welt autonomer Phantasie, die spielerisch mit der Wirklichkeit umgeht und diese poetisierend zum Kunstgebilde umwandelt.

Novalis (Friedrich Freiherr von Hardenberg, 1772–1801) ist ein Dichter der Spätromantik. Die Romantiker drücken ein Verlangen nach der Heimat wie auch nach der Ferne aus.

Heinrich Heine (1797–1856) ist ein deutscher Dichter jüdischer Abstammung, der viele Jahre in Frankreich verbrachte, wo er auch starb. Seine Gedichte zeigen den Einfluss der Volksgedichte.

Joseph Freiherr von Eichendorff (1788–1857) ist der bedeutendste Dichter der Hochromantik. Seine Lyrik ist Ausdruck tiefsinnigen, religiösen und zugleich weltaufgeschlossenen Gemüts. Viele seiner Gedichte sind populäre Studentenlieder.

Ludwig Uhland (1787–1862) ist ein deutscher Dichter der schwäbischen Romantik. Er schrieb volkstümliche Liebes- und Naturlyrik, Balladen und Romanzen.

Heidenröslein

Sah ein Knab ein Röslein stehn,
Röslein auf der Heiden[1],
War so jung und morgenschön[2].
Lief er schnell, es nah zu sehn,
Sah 's mit vielen Freuden.
Röslein, Röslein, Röslein rot,
Röslein auf der Heiden.

Knabe sprach: ich breche dich,
Röslein auf der Heiden!
Röslein sprach, ich steche dich,
Dass du ewig denkst an mich,
Und ich will 's nicht leiden[3].
Röslein, Röslein, Röslein rot,
Röslein auf der Heiden.

Und der wilde Knabe brach
's Röslein auf der Heiden.
Röslein wehrte sich[4] und stach,
Half ihm doch kein Weh und Ach,
musst es eben leiden.
Röslein, Röslein, Röslein rot,
Röslein auf der Heiden.

JOHANN WOLFGANG VON GOETHE

Ein Gleiches

Über allen Gipfeln[5]
Ist Ruh;
In allen Wipfeln[6]
Spürest du
Kaum einen Hauch;
Die Vögelein schweigen im Walde.
Warte nur, bald
Ruhest du auch.

GOETHE

1 heath 2 beautiful as the morning 3 I won't suffer 4 resisted 5 hilltops 6 treetops

Beim Lesen

A. Wie sieht der Knabe das Röslein?

B. Wie reagiert das Röslein?

C. Gibt es am Ende einen Gewinner?

D. Welche Stimmung schafft Goethe hier?

E. Welches Thema behandelt Goethe?

F. Ist das Mädchen den Hirten willkommen?

G. Siehst du das Mädchen eher als Sonnenstrahl oder als Donner im Gewitter?

Das Mädchen aus der Fremde

In einem Tal bei armen Hirten[1]
Erschien mit jedem jungen Jahr,
Sobald die ersten Lerchen schwirrten[2],
Ein Mädchen schön und wunderbar.

Sie war nicht in dem Tal geboren,
Man wusste nicht, woher sie kam,
Und schnell war ihre Spur verloren,
Sobald das Mädchen Abschied nahm.

Beseligend[3] war ihre Nähe,
Und alle Herzen wurden weit,
Doch eine Würde, eine Höhe
Entfernte die Vertraulichkeit[4].

Sie brachte Blumen mit und Früchte,
Gereifet[5] auf einer andern Flur[6],
In einem andern Sonnenlichte,
In der glücklichern Natur.

Und teilte jedem eine Gabe[7],
Dem Früchte, jenem Blumen aus,
Der Jüngling und der Greis am Stabe,
Ein jeder ging beschenkt nach Haus.

Willkommen waren alle Gäste,
Doch nahte sich ein liebend Paar,
Dem reichte sie der Gaben beste,
Der Blumen allerschönste dar.

FRIEDRICH VON SCHILLER

H. Wie wird das Mädchen wohl für die Gaben belohnt?

I. Was, glaubst du, gibt das Mädchen den Liebenden?

J. Wen oder was könnte das Mädchen darstellen?

1 herdsmen   2 buzzed about   3 blissful   4 removed any intimacy   5 ripened
6 field   7 shared a present

Walzer

Hinunter die Pfade des Lebens gedreht[1]
Pausiert nicht, ich bitt euch so lang es
    noch geht
Drückt fester die Mädchen ans klopfende
    Herz
Ihr wisst ja wie flüchtig[2] ist Jugend und
    Scherz.

Lasst fern von uns Zanken und Eifersucht[3] sein
Und nimmer die Stunden mit Grillen entweihn[4]
Dem Schutzgeist der Liebe nur gläubig vertraut[5]
Es findet noch jeder gewiss eine Braut.
NOVALIS

Beim Lesen

K. Wozu ruft uns Novalis
in diesem Gedicht
auf?

Nachtigall, ich hör dich singen

Nachtigall, ich hör dich singen
's Herz im Leib möcht mir zerspringen[6],
Komme doch und sag mir bald,
Wie sich alles hier verhalt'[7].
Nachtigall, ich seh dich laufen,
An dem Bächlein tust du saufen,
Tunkst hinein dein Schnäbelein,
Meinst es sei der beste Wein!
Nachtigall, wohl ist gut wohnen
In der Linde grünen Kronen,
Bei dir, lieb Frau Nachtigall,
Küß dich Gott viel tausendmal!
CLEMENS BRENTANO

. . . .

1 turn down the path of life   **2** fleeting   **3** strife and jealousy   **4** desecrate with whims
5 well acquainted with the protective genius   **6** burst   **7** how everything is here

Im wunderschönen Monat Mai

Im wunderschönen Monat Mai,
als alle Knospen[1] sprangen,
da ist in meinem Herzen,
die Liebe aufgegangen.

Im wunderschönen Monat Mai,
als alle Vögel sangen,
da hab ich ihr gestanden[2]
mein Sehnen und Verlangen.

HEINRICH HEINE

L. Wer spricht hier zu wem?

Ein Jüngling liebt ein Mädchen

Ein Jüngling liebt ein Mädchen,
Die hat einen anderen erwählt[3];
Der andere liebt eine andre,
Und hat sich mit dieser vermählt[4].

Das Mädchen heiratet aus Ärger[5]
Den ersten besten Mann,
Der ihr in den Weg gelaufen;
Der Jüngling ist übel dran[6].

Er ist eine alte Geschichte,
Doch bleibt sie immer neu;
Und wem sie just passieret,
Dem bricht das Herz entzwei.

HEINRICH HEINE

M. Welche Situation beschreibt Heine hier?

N. Warst du schon in einer dieser Situationen wie im ersten oder im zweiten Gedicht?

---

1 buds **2** confessed **3** chose **4** got married to her **5** out of anger **6** is in a bad way

Der Wirtin Töchterlein

Es zogen drei Burschen wohl über den Rhein,
Bei einer Frau Wirtin, da kehrten sie ein[1].

„Frau Wirtin! hat sie gut Bier und Wein?
Wo hat sie ihr schönes Töchterlein?"

„Mein Bier und Wein ist frisch und klar,
Mein Töchterlein liegt auf der Totenbahr[2]."

Und als sie traten zur Kammer hinein,
Da lag sie in einem schwarzen Schrein[3].

Der erste, der schlug den Schleier[4] zurück,
Und schaute sie an mit traurigem Blick:

„Ach! lebstest du noch, du schöne Maid!
Ich würde dich lieben von dieser Zeit."

Der zweite deckte den Schleier zu
Und kehrte sich ab[5] und weinte dazu:

„Ach! dass du liegst auf der Totenbahr!
Ich hab dich geliebet so manches Jahr."

Der dritte hub ihn[6] wieder sogleich
Und küsste sie an den Mund so bleich:

„Dich lieb ich immer, dich lieb ich noch heut
Und werde dich lieben in Ewigkeit[7]."

LUDWIG UHLAND

o. Welcher dieser drei
Burschen liebte das
Mädchen am meis-
ten? Warum?

1 they stopped there   **2** deathbed   **3** coffin   **4** veil   **5** turned away   **6** lifted it
7 to the end of time

Das zerbrochene Ringlein

Im einen kühlen Grunde[1]
Da geht ein Mühlenrad[2],
Mein' Liebste ist entschwunden,
Die dort gewohnet hat.

Sie hat mir Treu versprochen,
Gab mir ein'n Ring dabei,
Sie hat die Treu gebrochen,
Mein Ringlein sprang entzwei.

Ich möcht als Spielmann[3] reisen
Weit in die Welt hinaus
Und singen meine Weisen
Und gehn von Haus zu Haus.

Ich möchte als Reiter fliegen
Wohl in die blut'ge Schlacht[4],
Um stille Feuer liegen
Im Feld bei dunkler Nacht.

Hör ich das Mühlrad gehen:
Ich weiß nicht, was ich will —
Ich möcht am liebsten sterben,
Dann wär 's auf einmal still!

JOSEPH VON EICHENDORFF

P. In welcher Lage befindet sich der Erzähler?

Q. Warum möchte der Erzähler fort von dem Mühlenrad?

R. Was könnte das Mühlenrad repräsentieren?

---

1 valley   **2** mill wheel   **3** minstrel   **4** into a bloody battle

Der frohe Wandersmann

Wem Gott will rechte Gunst erweisen[1],
Den schickt er in die weite Welt;
Dem will er seine Wunder weisen[2]
In Berg und Wald und Strom und Feld.

Die Trägen[3], die zu Hause liegen,
Erquicket[4] nicht das Morgenrot;
Sie wissen nur von Kinderwiegen[5],
Von Sorgen, Last und Not um Brot.

Die Bächlein von den Bergen springen,
Die Lerchen schwirren hoch vor Lust[6],
Was sollt' ich mit ihnen singen
Aus voller Kehl' und frischer Brust[7].

Den lieben Gott lass' ich nur walten[8];
Der Bächlein, Lerchen, Wald und Feld
Und Erd' und Himmel will erhalten[9],
Hat auch mein' Sach' aufs best' bestellt[10]!

JOSEPH VON EICHENDORFF

S. Warum sollte man die Heimat oder das Bekannte einmal verlassen?

T. Wie kann man das Lernen einer neuen Sprache und Kultur mit diesem Gedicht vergleichen?

---

1 grant a special favor   **2** show   **3** lazy ones   **4** refresh   **5** cradles   **6** fly up high up with delight   **7** with full voice and fresh air in one's chest   **8** rule   **9** preserve
10 has taken care of my things (my life) in the best way

Nach dem Lesen
Übungen

1 Was passt?

Suche die Teile des Gedichtes auf der rechten Seite, die die Zeile auf der linken Seite vervollständigen. Achte auf die Reimwörter.

1. Sah ein Knab _____
2. War so jung und _____
3. Lief er schnell, _____
4. Knabe sprach: _____
5. Röslein sprach: _____
6. Dass du ewig _____
7. Und der wilde Knabe _____
8. Röslein wehrte sich _____
9. Half ihm doch kein _____
10. Musst es eben _____
11. Röslein auf _____

a. brach 's Röslein auf der Heiden
b. denkst an mich
c. ein Röslein stehn
d. es nah zu sehn
e. der Heiden
f. ich breche dich
g. ich steche dich
h. leiden
i. morgenschön
j. und stach
k. Weh und Ach

2 Wie passt das Gedicht zusammen?

Zwischen jede nummerierte Zeile passt eine alphabetisierte Zeile. Welche ist es?

In einen kühlen Grunde
1. ___

Mein' Liebste ist entschwunden,
2. ___

Sie hat mir Treu versprochen,
3. ___

Sie hat die Treu gebrochen,
4. ___

Ich möcht als Spielmann reisen
5. ___

Und singen meine Weisen
6. ___

Ich möchte als Reiter fliegen
7. ___

Um stille Feuer liegen
8. ___

Hör ich das Mühlrade gehen:
9. ___

Ich möcht am liebsten sterben
10. ___

a. Da geht ein Mühlenrad,
b. Dann wär's auf einmal still!
c. Die dort gewohnet hat.
d. Gab mir ein'n Ring dabei,
e. Ich weiß nicht, was ich will
f. Im Feld bei dunkler Nacht.
g. Mein Ringlein sprang entzwei.
h. Und gehn von Haus zu Haus.
i. Weit in die Welt hinaus
j. Wohl in die blut'ge Schlacht,

3 **Die Gedichte charakterisieren**

Was wird in diesen Gedichten ausgedrückt?

1. Heidenröslein _____

2. Ein Gleiches _____

3. Das Mädchen aus der Fremde _____

4. Walzer _____

5. Nachtigall, ich hör dich singen _____

6. Im wunderschönen Monat Mai _____

7. Ein Jüngling liebt ein Mädchen _____

8. Der Wirtin Töchterlein _____

9. Das zerbrochene Ringlein _____

10. Der frohe Wandersmann _____

a. das Leben genießen
b. Verlangen ausdrücken
c. mit anderen teilen
d. eine tragische Liebesaffäre
e. der (kommende) Tod
f. Neues kennen lernen

 4 **Die Gedichte hören**

Viele bekannte Gedichte sind vertont worden. Das *Heidenröslein* zum Beispiel findet man im klassischen Repertoire, *Das zerbrochene Ringlein* ist ein bekanntes Volkslied, andere Gedichte, wie *Der Wirtin Töchterlein*, sind bekannte Studentenlieder. Versuche, im Netz oder auf CDs, einige Gedichte in Gesangform zu hören.

 5 **Gedichte zuordnen**

Ordne alle Gedichte einem der folgenden Themen zu. Begründe deine Auswahl.

1. Die glückliche oder unglückliche Beziehung zu einer anderen Person: _____

2. Die eigenen Gefühle des Autors: _____

3. Eine Lebensweisheit oder eine Aufforderung an den Leser: _____

4. Die unglücklichen Beziehungen mehrerer Personen: _____

 6 **Nachlesen**

Lies noch einmal den Landeskundetext auf Seite 9.
Was ist charakteristisch für die romantische Dichtung?
Welche Eigenschaften findest du in allen Gedichten?

Dies und das

1 Lies die folgenden Zitate.

Zitate

Unter „Zitat" versteht man die wörtliche Wiedergabe von Textstellen von Autoren in einer Rede oder einem Text mit Nennung des Autors, oft auch der Quelle. Die folgenden Zitate sind von Autoren, die in diesem Kapitel erscheinen.

Die Jugend ist vergessen aus geteilten **Interessen**;
Das Alter ist vergessen aus mangelnden Interessen.
      Goethe, *Zahme Xenien*

Ein schönes **Ja**, ein schönes Nein! Nur geschwind!
soll mir willkommen sein.
      Goethe, *Sprichwörtlich*

Die **Natur** ist das einzige Buch, das auf allen Blättern
großen Inhalt bietet.
      Goethe, *Sprüche*

Was man **schwarz auf weiß** besitzt,
das kann man getrost nach Hause tragen.
      Goethe, *Faust*

Verbunden werden auch die **Schwachen** mächtig.
      Schiller, *Wilhelm Tell*

Ich tue **Recht** und scheue keinen Feind.
      Schiller, *Wilhelm Tell*

Ich weiß nicht, was soll es bedeuten,
dass ich so **traurig** bin.
      Heine, *Heimkehr*

Wem **Gott** will rechte Gunst erweisen,
den schickt er in die weite Welt.
      Eichendorff, *Wandersmann*

Dich lieb' ich immer, dich lieb' ich noch heut
und werde dich **lieben** in Ewigkeit.
      Uhland, *Der Wirtin Töchterlein*

Auf grünen **Bergen** wird geboren, der Gott,
der uns den Himmel bringt.
      Novalis, *Der Wein*

Kapitel

3 *Vor dem Lesen*
Fünfzehn Minuten nach Sieben

Lesestrategie

Voraussagen, was passiert Wenn wir einen Text lesen, denken wir voraus. Wir möchten wissen, was passiert. Was wir vorausdenken sind Vermutungen, die auf unseren eigenen Lebenserfahrungen und auf unserem Wissen basieren. Unsere Vermutungen können falsch oder richtig sein. Deshalb müssen wir unsere Vermutungen beim Lesen oft revidieren und neuen Informationen anpassen.

Übung

Durch Voraussagen näherst du dich dem Text, indem du dich wirklich mit dem Geschehen (*action*) beschäftigst. Selbst wenn deine Vorraussage nicht stimmt, stellt sie doch eine enge Verbindung zum Text her, die dir beim Lesen hilft.

Versuche, die folgenden Sätze zu vollenden. Um Vorraussagen zu machen, muss man den Satz verstehen. Wie du jeden Satz vollendest, ist ganz deine Sache.

a. Nachdem Lisa bis spät in die Nacht für die Prüfung gelernt hatte, ging sie ___ .

b. Jeden Morgen um 6:30 Uhr hört Michael ___ .

c. Der Tag hatte wunderschön begonnen, doch plötzlich ___ .

d. Viermal hatten sich die Freunde schon bei Martinas Eltern getroffen, als ___ .

e. Diesen Sommer wollte unsere Volleyballmannschaft endlich ___ .

Landeskunde

Frank Zimmermann wurde 1971 in Mönchengladbach geboren. Nach dem Abitur 1990 leistete er 15 Monate Zivildienst in einem Krankenhaus. Es folgte ein Studium der Sozialarbeit, das er 1995 mit dem Diplom abschloss. Nach fünf Jahren Arbeit in einer Jugendhilfeeinrichtung studiert er seit 2001 Germanistik und Geschichte an der Heinrich-Heine-Universität in Düsseldorf. Zimmermann hat bereits einige Kurzgeschichten veröffentlicht und beteiligt sich an verschiedenen Autorenworkshops, u.a. an der Internetliteraturseite www.leselupe.de.

Frank Zimmermann

Beim Lesen

Welche Routine hast du morgens von dem Moment an, wo der Wecker klingelt, bis du in deine Klasse gehst?

A. Wo ist der Mann? Worauf bereitet er sich vor?

B. Welche Verkehrsmittel nimmt er?

C. Beschreibe die Szene in der S-Bahn.

Fünfzehn Minuten nach Sieben

Fünfzehn Minuten nach Sieben. Der Wecker. Er tapst barfuß ins Bad, zieht sich an. In der Küche schmiert er seine Brote. Dann packt er seine Tasche, nimmt Portemonnaie und Schlüssel vom Bord und zieht die Wohnungstüre hinter sich zu und die Zeitung aus dem Briefkasten.

Nach wenigen Schritten wartet er an der Haltestelle bis der Bus kommt und ihn in seinem Bauch bis zum Bahnhof trägt. Wenn er auf das Gleis kommt, ist die S-Bahn schon da. Vierzig Minuten in diesem orangen Lindwurm[1] aus Metall und Plastik. Endlos geduldig lässt sich die Menschenmenge[2] durchrütteln. Zeitungsrascheln. Schlafen. Generve[3] mit Handy und Walkman. Rücksichtslos[4]. Immer das Gleiche. Auch in der Zeitung, immer das Gleiche.

Aus dir soll mal was Besseres werden, hatten seine Eltern stets beschworen[5], ihn aufs Gymnasium geschickt. Es hatte insofern geklappt[6], dass er sein Geld tatsächlich nicht mit körperlicher Arbeit verdienen musste, er war ein Verwaltungszombie[7] geworden. Jetzt war er Anfang Dreißig, doch es schien ihm, als könne er nicht älter werden, nicht noch älter als er sich fühlte, nicht noch älter.

D. Was hatten die Eltern mit ihrem Sohn vor? Ist er jetzt glücklich?

1 dragon **2** crowd **3** bother **4** inconsiderate **5** sworn **6** had worked out **7** administrative zombie

Nachdem die S-Bahn ihn ausgespuckt hat, ist er noch mal auf den Bus angewiesen[1], der ihn zu dem großen Verwaltungsgebäude bringt, in dem er dann für acht Stunden seine Seele an der Garderobe abgeben wird[2]. Doch hier ist seine Verbindung[3] nicht so lückenlos[4], hier muß er sieben Minuten warten. Hier nippt er kurz am Leben: die Zeitung als Alibi vor sich haltend blickt er sich um und beschaut die Passanten, belächelt Socken in Herrensandalen und ergötzt sich an[5] gut gewachsenen Frauen. Da ist auch wieder die Blonde, die sieht er fast täglich. Sein Alter, seine Größe, schlank,

unauffällig[6] aber geschmackvoll gekleidet, eine etwas zu spitze Nase, aber ansonsten ein hübsches Gesicht mit klaren blauen Augen, lange glatte Haare, meist hochgesteckt, so dass die Haarspitzen lustig über ihrem Hinterkopf hüpfen. Sie steht in seiner Nähe, wartet auf den gleichen Bus, steigt an seiner Haltestelle aus und verliert sich dann in den Weiten des Campus.

Fünfzehn Minuten nach Sieben. Der Wecker.

Diesmal geschieht etwas Unerwartetes. Die blonde Frau lächelt ihm zu, lächelt ihn an. Nur ganz kurz, wie zufällig und doch ist er sich sicher, dass dieses Lächeln absichtlich[7] gelächelt wird, dass sie wirklich ihn meint. Der Augenblick fährt durch seine Augen in sein Hirn, dreht dort einige stürmische Runden und gräbt sich dann tief in seinen Leib, irgendwo zwischen Magen und Rückenmark[8]. Er lächelt seinerseits, kurz, dann blickt er wieder in seine Zeitung, wo die Buchstaben Ringelrein zu tanzen scheinen[9].

1 depends on   2 where he'll surrender   3 (bus) connection   4 good   5 takes delight in
6 inconspicuously   7 intentionally   8 bone marrow   9 seem to dance a round dance

Beim Lesen

E. Wo arbeitet der Mann?

F. Was tut er, während er auf den Bus wartet?

G. Beschreibe die Person, die der Mann gern an der Bushaltestelle sieht.

H. Was geschieht heute?

I. Warum tanzen die Buchstaben in der Zeitung?

Kapitel 3   **23**

Beim Lesen

J. Worauf freut sich der Mann heute?

K. Was studiert er?

Fünfzehn Minuten nach Sieben. Der Wecker.

Beschwingt[1] steht er auf, beinahe hätte er gepfiffen. Er kann es kaum erwarten an der Bushaltestelle anzukommen. Dann ist er da, und sie ist da, aber sie steht mit dem Rücken zu ihm und er kann sich nicht in ihr Blickfeld schieben[2], nicht ohne aufzufallen. So studiert er sieben Minuten lang ihre Rückenansicht: der hüpfende Schopf, eine Jeansjacke, eine enge, schwarze Stoffhose, geschlossene, schwarze Schuhe mit einem niedrigen Absatz.

L. Wie geschieht es, dass die beiden nebeneinander sitzen?

Im Bus ist es voll. Sie setzt sich ans Fenster, neben ihr der Platz ist noch frei. Ein Lidschlag des Zögerns[3], dann setzt er sich neben sie. Beide blicken nur in ihre Zeitung, aber sie sitzen nebeneinander, elf Minuten lang, dann sind sie da.

Fünfzehn Minuten nach Sieben. Der Wecker.

M. Wo sitzt er jetzt jeden Tag?

N. Wie fühlt er sich?

Jeden Tag sitzt er jetzt im Bus neben ihr. Sie grüßen sich mit einem Kopfnicken, doch sie haben noch keine Worte gewechselt und Blicke nur scheu und flüchtig. Heute berührt sie mit ihrem Knie seinen Schenkel. Wie Strom[4] durchfährt es ihn. Wie damals, als er die Küchenlampe aufgehängt hatte ohne die Sicherung rauszunehmen[5].

. . . .

1 buoyantly   **2** he can't move himself into her field of view   **3** a blink of hesitation
4 electricity   **5** without removing the fuse

Fünfzehn Minuten nach Sieben. Der Wecker.

Der Bus fährt los. Ihre Rechte findet seine Linke. Ihre Finger verschränken sich[1] ineinander, ganz so als sei dieser Weg für diese Finger unumgänglich vorbestimmt[2]. Gegenseitig geben sie sich Zeichen[3] mit den Händen, indem sie den Druck variieren. Sein Daumen streichelt ihren Handrücken. Sein Blut gerät in Wallung[4]. Aus der knisternden Glut ist eine lodernde Flamme geworden[5]. Hand in Hand steigen sie aus dem Bus. An der Haltestelle stehen sie sich gegenüber. Hand in Hand. Die Menschen strömen an ihnen vorbei. Dann sind sie mit sich alleine. Ihre Blicke tauchen ineinander ein. Minutenlang halten sie sich bei den Händen, sehen sich an. Er schluckt. Sein Hals schnürt sich zu[6], sein Herz krampft, seine Augen werden wässrig.

„Ich bin verheiratet", krächzt er.

Sie lässt seine Hände los, steht ihm eine Weile stumm gegenüber und sagt dann zwei Worte:
„Du Schwein."

Er nimmt weniger den Schmerz wahr, den die Ohrfeige[7] verursacht, als ihr Geräusch, das in der Stille seines Körpers nachhallt. Er kann nicht sehen, wie sie von ihm weggeht, hat nicht die Kraft sich umzudrehen. Doch er ist sich sicher, dass er sie nie wiedersehen wird. Er weint.

FRANK ZIMMERMANN

. . . .

1 link   **2** as if this was unavoidably predestined   **3** signal   **4** boils   **5** a crackling glow turns into a blazing flame   **6** constricts   **7** slap

Beim Lesen

O. Wie verständigen sich der Mann und die Frau?

P. Was tun die beiden, als sie aus dem Bus aussteigen?

Q. Was geschieht mit ihm?

R. Warum wird der Mann die Frau nie wiedersehen?

S. Was tut die Frau?

T. Wie fühlt er sich?

Vor dem Lesen
Übungen

1 Die richtige Reihenfolge
Welcher Satz kommt zuerst? Dann? Danach?

A. Da ist die Blonde, unauffällig aber geschmackvoll gekleidet.

B. Jetzt begrüßen sie sich mit einem Kopfnicken.

C. 40 Minuten fährt er in der S-Bahn. Immer das Gleiche.

D. Neben ihr ist der Platz noch frei.

E. Er packt seine Tasche und zieht die Wohnungstüre hinter sich zu.

F. Sie stehen sich stumm gegenüber, und sie sagt dann zwei Worte.

G. Er wartet auf den Bus, der ihm zum Bahnhof bringt.

H. Sie geht weg von ihm. Er weint.

I. Er beschaut die Passanten, besonders gut gewachsene Frauen.

J. Ihre Finger verschränken sich ineinander.

K. Der Bus ist voll. Sie setzt sich ans Fenster.

L. Die blonde Frau lächelt ihm zu, lächelt ihn an. Er blickt in die Zeitung.

M. Hand in Hand steigen sie aus dem Bus. Sein Hals schnürt sich zu.

Die richtige Reihenfolge ist: 1. _____ 2. _____ 3. _____ 4. _____ 5. _____
6. _____ 7. _____ 8. _____ 9. _____ 10. _____ 11. _____ 12. _____ 13. _____

2 Welches Verb aus dem Kasten passt?

beschauen	hochstecken	schmieren	verdienen
blicken	kleiden	setzen	warten
geraten	nehmen	sitzen	wechseln
grüßen	sein	tapsen	ziehen

1. barfuß ins Bad _____
2. seine Brote _____
3. die Schlüssel vom Bord _____
4. die Zeitung aus dem Briefkasten _____
5. an der Haltestelle _____
6. Anfang dreißig _____
7. sein Geld _____
8. die Passanten _____

9. sich geschmackvoll _____
10. die Haare _____
11. sich ans Fenster _____
12. nebeneinander _____
13. in die Zeitung _____
14. mit einem Kopfnicken _____
15. Worte _____
16. in Wallung _____

 3 Aus dem Text heraussuchen

1. Suche die Stellen im Text, die den Mann beschreiben. Fang so an:
   Jeden Tag um Sieben klingelt der Wecker. Der Mann . . .
2. Suche die Stellen im Text, die die Frau beschreiben. Fang so an:
   Sie ist blond. Er sieht sie fast täglich. Sie . . .
3. Suche die Stellen im Text, die die S-Bahn beschreiben. Fang so an:
   Die S-Bahn ist da, wenn der Mann kommt. Er fährt . . .

 4 Zum Analysieren

Welche stilistischen Mittel gebraucht der Autor, um Inhalt und
Form des Textes in Einklang zu bringen?

 5 Zum Diskutieren

Setzt euch in kleinen Gruppen zusammen und diskutiert die folgenden Fragen.

1. Sprecht über das Verhalten des Mannes auf seinem Weg zur Arbeit. Was hältst
   du von seinem Verhalten? Ist es typisch für einen Mann, der mit öffentlichen
   Verkehrsmitteln zur Arbeit fährt?
2. Sprecht über das Verhalten der Frau auf ihrem Weg zur Arbeit. Was hältst du von
   ihrem Verhalten? Ist es typisch für eine Frau, die mit öffentlichen Verkehrsmitteln
   zur Arbeit fährt?
3. Sprecht über das Ende der Geschichte. Was hätte der Mann nicht tun sollen,
   oder was hätte die Frau tun sollen? Wie hätten beide ihr Verhalten ändern
   können? – Schreib ein neues Ende für diese Geschichte.
4. Diskutiert darüber, wie ihr euch in so einer Situation verhalten hättet.

Dies und das

Verkehrswitze

1 Lies diese Witze und erzähl sie deinen Freunden.

Spät nachts kommt der Sohn Berti nach Hause. „Uff!" ächzt er. „Ich bin die ganze Zeit meinem Bus nachgerannt, habe ihn aber nicht eingeholt." „Na, lass man!" beruhigt ihn sein Papa. „Auf diese Weise hast du dir wenigstens zwei Euro Fahrgeld gespart." „Dummkopf!" zischt die Mutter. „Wär' er einem Taxi nachgelaufen, hätte er zehn Euro gespart!"

Werner lässt sich mit einem Taxi nach Hause fahren. „Macht acht Euro fünfzig", sagt der Fahrer am Ziel. „Hmm . . .", brummt Werner. Können sie mal ein Stück zurückfahren? Ich habe bloß noch sieben Euro bei mir!"

Ein Fahrgast in der S-Bahn verlangt, dass sein Hund auch einen Sitzplatz bekommt, denn schließlich hat er auch ein Ticket für den Hund bezahlt. Der Schaffner überlegt: „Na gut, aber er darf seine Füße nicht auf den Sitzplatz legen."

„Also, diese Jugend", beschwert sich ein Fahrgast im überfüllten Bus, „keinen Respekt mehr haben sie vor älteren Leuten!" „Aber ich bitte Sie", wundert sich eine Frau, „das Kind da hat Ihnen doch sofort seinen Platz angeboten." „Das schon. Aber meine Frau muss immer noch stehen!"

Ein Fremder in München geht auf einen Verkehrs-polizisten zu, der mitten auf der Straße steht und fragt ihn: „Können Sie mir bitte sagen, wo die Linie 27 fährt?" „Kann ich. Wenn Sie nicht gleich von den Schienen gehen, fährt sie Ihnen in den Rücken!"

4 Vor dem Lesen
Kurzgeschichten

Lesestrategie

Symbole interpretieren Autoren gebrauchen in ihren Erzählungen oft Objekte oder Personen als Symbole, die etwas Größeres darstellen als sie selbst. Objekte und Personen können zum Beispiel Gefühle, Ideen oder abstrakte Begriffe symbolisieren, wie Gut oder Böse. Personen können verschiedene Gruppen von Menschen repräsentieren oder verschiedene Aspekte unserer Gesellschaft. Schon der Name einer Person kann ein wichtiger Hinweis sein auf das, was diese Person symbolisiert.

Übungen

Symbole stellen bestimmte Zustände, Stimmungen oder Situationen dar. Es können Fotos, Grafiken oder Worte sein, die dabei helfen, dem Betrachter, Hörer oder Leser bestimmte Informationen zu vermitteln.

1 Welchen Zustand oder welche Situation können die folgenden Symbole darstellen? Denk daran, dass es mehrere Interpretationen geben kann.

Beispiel: **Dunkelheit** – das Böse; **der Monat Mai** – Liebe

 a. eine weiße Taube **b.** eine Brücke **c.** eine Rose **d.** der Ozean

2 Welche Sprachsymbole könnte ein Autor verwenden, um folgende Situationen oder Zustände darzustellen?

 a. Freiheit **b.** Unschuld **c.** Langeweile **d.** Angst

Landeskunde

Der Schweizer Erzähler und Publizist Peter Bichsel wurde 1935 in Luzern geboren. Bichsel schreibt Romane *(Die Jahreszeiten)*, Essays *(des Schweizers Schweiz)*, Geschichten und Kindergeschichten. Im Jahre 1965 erhielt der Autor den Preis der Gruppe 47, einer Vereinigung junger deutscher Autoren, die sich mit Zeitproblemen befasste. Die Gruppe wurde 1977 aufgelöst. Die folgenden zwei Geschichten kommen aus dem Erzählband *Eigentlich möchte Frau Blum den Milchmann kennen lernen.* Sie beschäftigen sich mit gewöhnlichen Menschen, wie sie ihren Alltag mit allerlei Kleinigkeiten und Nichtigkeiten gestalten.

Peter Bichsel

Die Tochter

Beim Lesen

Wartet man bei euch zu Hause auf alle Familienmitglieder, bevor mit dem Essen begonnen wird?

A. Wer wartet auf Monika und wie lange?

Abends warteten sie auf Monika. Sie arbeitete in der Stadt, die Bahnverbindungen[1] sind schlecht. Sie, er und seine Frau, saßen am Tisch und warteten auf Monika. Seit sie in der Stadt arbeitete, aßen sie erst um halb acht. Früher hatten sie eine Stunde eher gegessen. Jetzt warteten sie täglich eine Stunde am gedeckten Tisch, an ihren Plätzen, der Vater oben, die Mutter auf dem Stuhl nahe der Küchentür, sie warteten vor dem leeren Platz Monikas. Einige Zeit später dann auch vor dem dampfenden Kaffee, vor der Butter, dem Brot, der Marmelade.

Sie war größer gewachsen als sie, sie war auch blonder und hatte die Haut, die feine Haut der Tante Maria. „Sie war immer ein liebes Kind", sagte die Mutter, während sie warteten.

In ihrem Zimmer hatte sie einen Plattenspieler[2], und sie brachte oft Platten mit aus der Stadt, und sie wußte, wer darauf sang. Sie hatte auch einen Spiegel und verschiedene Fläschchen und Döschen[3], einen Hocker[4] aus marokkanischem Leder, eine Schachtel Zigaretten.

Der Vater holte sich seine Lohntüte[5] auch bei einem Bürofräulein. Er sah dann die vielen Stempel[6] auf einem Gestell[7], bestaunte das sanfte Geräusch der Rechenmaschine[8], die blondierten Haare des Fräuleins, sie sagte freundlich „Bitte schön", wenn er sich bedankte.

Über Mittag blieb Monika in der Stadt, sie aß eine Kleinigkeit[9], wie sie sagte, in einem Tearoom. Sie war dann ein Fräulein, das in

B. Mit wem vergleichen die Eltern Monika?

C. Was denken die Eltern über ihre Tochter?

D. Wie verhält sich Monika in der Mittagspause?

· ·

1 train connections **2** record player **3** little bottles and jars **4** stool **5** pay envelope **6** rubber stamps **7** rack **8** calculator **9** trifle

Tearooms lächelnd Zigaretten raucht. Oft fragten sie sie, was sie alles getan habe in der Stadt, im Büro. Sie wusste aber nichts zu sagen.

Dann versuchten sie wenigstens, sich genau vorzustellen[1], wie sie beiläufig[2] in der Bahn ihr rotes Etui mit dem Abonnement[3] aufschlägt und vorweist, wie sie den Bahnsteig entlang geht, wie sie den Gruß eines Herrn lächelnd erwidert. Und dann stellten sie sich mehrmals vor in dieser Stunde, wie sie heimkommt, die Tasche und ein Modejournal unter dem Arm, ihr Parfüm; stellten sich vor, wie sie sich an ihren Platz setzt, wie sie dann zusammen essen würden.

Bald wird sie sich in der Stadt ein Zimmer nehmen, das wussten sie, und dass sie dann wieder um halb sieben essen würden, dass der Vater nach der Arbeit wieder seine Zeitung lesen würde, dass es dann kein Zimmer mehr mit Plattenspieler gäbe, keine Stunde des Wartens mehr. Auf dem Schrank stand eine Vase aus blauem schwedischem Glas, eine Vase aus der Stadt, ein Geschenkvorschlag[4] aus dem Modejournal. „Sie ist wie deine Schwester", sagte

die Frau, „sie hat das alles von deiner Schwester. Erinnerst du dich, wie schön deine Schwester singen konnte." „Andere Mädchen rauchen auch", sagte die Mutter. „Ja", sagte er, „das habe ich auch gesagt."

„Ihre Freundin hat kürzlich geheiratet", sagte die Mutter.

Sie wird auch heiraten, dachte er, sie wird in der Stadt wohnen.

Kürzlich hatte er Monika gebeten: „Sag mal etwas auf Französisch." — „Ja", hatte die Mutter wiederholt, „sag mal etwas auf Französisch." Sie wusste aber nichts zu sagen.

Stenografieren[5] kann sie auch, dachte er jetzt. „Für uns wäre das zu schwer", sagten sie oft zueinander.

Dann stellte die Mutter den Kaffee auf den Tisch. „Ich habe den Zug gehört", sagte sie.

PETER BICHSEL

1 to imagine   2 casually   3 commuter ticket   4 suggested present   5 shorthand

Beim Lesen

E. Wie stellen sich die Eltern vor, wie Monika heimkommen wird?

F. Was wird sich bald ändern?

G. Mit wem vergleichen sie Monika jetzt? Warum?

H. Kennen die Eltern ihre Tochter wirklich?

Kapitel 4   **31**

Der Milchmann

Beim Lesen

Früher hat der Milchmann immer die Milch ins Haus gebracht. Wer erinnert sich daran?

A. Warum schreibt Frau Blum dem Milchmann einen Zettel?

B. Was denkt Frau Blum über den Milchmann?

Der Milchmann schrieb auf einen Zettel: „Heute keine Butter mehr, leider." Frau Blum las den Zettel und rechnete zusammen, schüttelte den Kopf und rechnete noch einmal, dann schrieb sie: „Zwei Liter, 100 Gramm Butter, Sie hatten gestern keine Butter und berechneten sie mir gleichwohl[1]."

Am andern Tag schrieb der Milchmann: „Entschuldigung." Der Milchmann kommt morgens um vier, Frau Blum kennt ihn nicht, man sollte ihn kennen, denkt sie oft, man sollte einmal um vier aufstehen, um ihn kennen zu lernen.

Frau Blum fürchtet, der Milchmann könnte ihr böse sein, der Milchmann könnte schlecht denken von ihr, ihr Topf ist verbeult[2].

C. Was weiß der Milchmann über Frau Blum?

D. Wie kommen Frau Blum und der Milchmann miteinander aus?

Der Milchmann kennt den verbeulten Topf, es ist der von Frau Blum, sie nimmt meistens 2 Liter und 100 Gramm Butter. Der Milchmann kennt Frau Blum. Würde man ihn nach ihr fragen, würde er sagen: „Frau Blum nimmt 2 Liter und 100 Gramm, sie hat einen verbeulten Topf und eine gut lesbare Schrift." Der Milchmann macht sich keine Gedanken, Frau Blum macht keine Schulden[3]. Und wenn es vorkommt – es kann ja vorkommen —, dass 10 Rappen[4] zu wenig da liegen, dann schreibt er auf einen Zettel: „10 Rappen zu wenig." Am andern Tag hat er die 10 Rappen

. . . .

1 charged me the same   **2** dented   **3** incurs no debts   **4** name of Swiss coins (100 Rappen = 1 Schweizer Franken)

anstandslos[1] und auf dem Zettel steht: „Entschuldigung." 'Nicht der Rede wert' oder 'keine Ursache', denkt dann der Milchmann und würde er es auf einen Zettel schreiben, dann wäre das schon ein Briefwechsel. Er schreibt es nicht.

Den Milchmann interessiert es nicht, in welchem Stock Frau Blum wohnt, der Topf steht unten an der Treppe. Er macht sich keine Gedanken, wenn er nicht dort steht. In der ersten Mannschaft[2] spielte einmal ein Blum, den kannte der Milchmann, und der hatte abstehende Ohren[3].

Milchmänner haben unappetitlich saubere Hände, rosig, plump und verwaschen. Frau Blum denkt daran, wenn sie seine Zettel sieht. Hoffentlich hat er die 10 Rappen gefunden. Frau Blum möchte nicht, dass der Milchmann schlecht von ihr denkt, auch möchte sie nicht, dass er mit der Nachbarin ins Gespräch käme. Aber niemand kennt den Milchmann, in unserm Quartier niemand. Bei uns kommt er morgens um vier. Der Milchmann ist einer von denen, die ihre Pflicht[4] tun. Wer morgens um vier Uhr die Milch bringt, tut seine Pflicht, täglich, sonntags und werktags. Wahrscheinlich sind Milchmänner nicht gut bezahlt und wahrscheinlich fehlt ihnen oft Geld bei der Abrechnung[5]. Die Milchmänner haben keine Schuld daran, dass die Milch teurer wird.

Und eigentlich möchte Frau Blum den Milchmann gern kennen lernen.

Der Milchmann kennt Frau Blum, sie nimmt 2 Liter und 100 Gramm und hat einen verbeulten Topf.

PETER BICHSEL

. . . .

1 without fuss   **2** (soccer) team   **3** jug ears   **4** duty   **5** when settling his accounts

Beim Lesen

E. Was interessiert den Milchmann nicht?

F. Was denkt Frau Blum über Milchmänner?

G. Warum hat der Milchmann keinen Namen? Was für ein Sprachsymbol könnte das sein?

Nach dem Lesen
Übungen

1 Richtig oder falsch?

Richtig Falsch

☐ ☐   **1.** Die Tochter wartet auf ihre Eltern.

☐ ☐   **2.** Früher haben die Eltern eine Stunde früher gegessen.

☐ ☐   **3.** Der Vater hat seinen Platz nahe der Küchentür.

☐ ☐   **4.** Die Tochter raucht nicht.

☐ ☐   **5.** Sie isst nie etwas zu Mittag.

☐ ☐   **6.** Sie erzählt den Eltern immer viel von der Stadt.

☐ ☐   **7.** Sie wird sich bald in der Stadt ein Zimmer nehmen.

☐ ☐   **8.** Dann wird es keine Stunde des Wartens mehr geben.

☐ ☐   **9.** Die Tochter spricht gut Französisch.

☐ ☐ **10.** Aber stenografieren kann sie nicht.

2 Personenbeschreibung

1. Schreib die Wörter auf, die die Tochter charakterisieren. Fang so an: Die Tochter arbeitet in der Stadt; sie kommt um halb acht . . .

2. Schreib die Wörter auf, die die Eltern beschreiben. Fang so an: Die Eltern sitzen am Tisch; sie warten auf . . .

3 Zum Diskutieren

Setzt euch in kleinen Gruppen zusammen und diskutiert die folgenden Fragen.

1. Was halten die Eltern von ihrer Tochter?

2. Was für einen Eindruck macht Monika?

3. Was für einen Eindruck machen Monikas Eltern?

4. Was sind das für Menschen, die der Autor hier beschreibt?

5. Welche Sprachsymbole findest du in diesem Text? Was bedeuten sie?

Welche Satzteile passen zusammen?

Welche Satzteile auf der rechten Seite vervollständigen die Erzählung auf der linken Seite?

1. Der Milchmann schrieb auf einen Zettel:

2. Die Frau schrieb: Sie hatten keine Butter mehr

3. Der Milchmann kommt um vier, und

4. Frau Blum fürchtet, der Milchmann

5. Er könnte schlecht denken von ihr,

6. Der Milchmann kennt

7. Frau Blum nimmt meistens 2 Liter

8. Sie hat einen verbeulten Topf

9. Der Milchmann macht sich

10. Frau Blum macht

11. Der Milchmann interessiert sich nicht,

12. Er ist einer von denen,

13. Wer um vier Uhr die Milch bringt,

14. Wahrscheinlich sind Milchmänner

15. Milchmänner haben keine Schuld daran,

16. Eigentlich möchte Frau Blum

a. dass die Milch teurer wird.

b. den Milchmann gern kennen lernen.

c. den verbeulten Topf.

d. denn ihr Topf ist verbeult.

e. die ihre Pflicht tun.

f. Frau Blum kennt ihn nicht.

g. heute keine Butter mehr.

h. in welchem Stock Frau Blum wohnt.

i. keine Gedanken.

j. keine Schulden.

k. könnte ihr böse sein.

l. nicht gut bezahlt.

m. tut seine Pflicht.

n. und 100 Gramm Butter.

o. und berechneten sie mir gleichwohl.

p. und eine gut lesbare Schrift.

Die richtige Reihenfolge ist: 1. ____
2. ____ **3.** ____ **4.** ____ **5.** ____ **6.** ____
7. ____ **8.** ____ **9.** ____ **10.** ____ **11.** ____
12. ____ **13.** ____ **14.** ____ **15.** ____
16. ____

 Personenbeschreibung

1. Schreib die Wörter und Textstellen auf, die Frau Blum beschreiben.
   Fang so an: Frau Blum kauft immer 2 Liter . . .

2. Schreib die Wörter und Textstellen auf, die den Milchmann beschreiben.
   Fang so an: Der Milchmann hatte keine Butter mehr, aber . . .

 Zum Diskutieren

Setzt euch in kleinen Gruppen zusammen und diskutiert die folgenden Fragen.

1. Was für eine Frau ist Frau Blum? Was hältst du von ihr?

2. Was für ein Mann ist der Milchmann? Was hältst du von ihm?

3. Glaubst du, Frau Blum möchte den Milchmann kennen lernen?

4. Glaubst du, der Milchmann möchte Frau Blum kennen lernen?

Dies und das

Äußerungen von Peter Bichsel

Über den Sinn der Literatur

„Ich glaube, der Sinn der Literatur liegt nicht darin, dass
Inhalte vermittelt werden[1], sondern darin, dass das
Erzählen aufrechterhalten wird[2]. Weil die Menschen
Geschichten brauchen, um überleben zu können. Sie
brauchen Modelle, mit denen sie sich ihr eigenes Leben
erzählen können. Nur das Leben, das man sich selbst
erzählen kann, ist ein sinnvolles."
(Peter Bichsel, www.surkamp.de am 26. 3. 2000)

Die Tradition des Erzählens

„Die Geschichten dieser Welt sind geschrieben . . . und müssen
trotzdem immer wieder geschrieben werden, weil wir neue
Geschichten brauchen. Sie müssen geschrieben werden, damit
die Tradition des Erzählens, des Geschichtenschreibens nicht
ausstirbt."
(Peter Bichsel, www.surkamp.de am 26.3. 2000)

Schreiben ist gefährlich

„Man kann sich nichts vom Leib schreiben[3]. Man schreibt
sich alles auf den Leib[4]. Selbst wenn man einen politischen Artikel schreibt, wird das Elend und die Wut immer
größer, nicht kleiner. Auch nach dem Brief, den du deiner
Freundin oder deinem Freund schreibst, um dein Elend
endlich einmal jemandem herauszukotzen[5], geht es dir
nachher nicht besser, sondern schlechter. Schreiben ist
unhygienisch, gefährlich."
(Peter Bichsel, in *Weltwoche*, 11/00 vom 16. 3. 99)

- -
1 that content is being conveyed   **2** that narration is being maintained   **3** Writing does not get things off your
chest.   **4** By writing you burden yourself.   **5** to spill your misery

5

Vor dem Lesen

Angst

Lesestrategie

Vorwissen benutzen Gute Leser benutzen beim Lesen alles, was sie schon über das Thema oder den Autoren des Textes wissen.

Übung

Nachdem du den Namen der Autorin, ihre kurze Biografie und den Titel des Textes gelesen hast, solltest du selber einige Nachforschungen über Anne Frank betreiben. Je mehr du über sie und ihre Situation weißt, desto besser kannst du die folgende Geschichte verstehen.

Landeskunde

Anne Frank war die Tochter eines deutsch-jüdischen Bankiers. Sie wurde 1929 in Frankfurt a. M. geboren und starb 1945 im Konzentrationslager Bergen-Belsen im Alter von 15 Jahren. Zu ihrem 13. Geburtstag bekam sie ein Tagebuch, das sie zwei Jahre lang während der deutschen Besatzung von 1942–1944 im Versteck ihrer Familie in Amsterdam führte. Später arbeitete sie an Tagebüchern, um sie nach dem Krieg als Buch zu veröffentlichen. Ihr Vater tat dies 1947 unter dem Titel: *Das Tagebuch der Anne Frank.* Es wurde eins der meist gelesenen Bücher der Welt. Einige ihrer Tagebucheinträge wurden zu Geschichten, die auch veröffentlicht wurden. Die folgende Geschichte *Angst* ist eine davon.

Anne Frank

Hast du schon einmal in großer Lebensgefahr gelebt? Wie ist es dir ergangen?

A. Was brachte den Franks Hoffnung?

B. Was fürchteten sie sehr?

C. Was hielten sie immer bereit?

D. Was hatte Herr Frank seiner Tochter versprochen?

E. Welche Gefahren gab es in Amsterdam?

F. Wo wohnten die Franks und was erwarteten sie?

Vorwort

Ernst Schnabel* *berichtet: Herr Frank sagte mir, in der ersten Zeit hätten sie viel Angst gehabt, dass die Polizei sie eines Tages finden könne. Aber wie Monat um Monat verging, das erste Jahr, das zweite dann, und wie die Nachrichten kamen von der Invasion an der Kanalküste und vom Vormarsch[1] der alliierten Truppen in Frankreich, sei ihnen fast leicht und hoffnungsvoll ums Herz gewesen. Dagegen fürchteten sie oft, dass im Hinterhaus ein Brand ausbrechen und sie auf die Straße hinaustreiben könnte.*

Das Haus war alt, es war sehr viel Holz darin verbaut. Eine kleine Unvorsichtigkeit[2], ein Streichholz[3] hätte genügt ... Sie hatten darum auch immer ein kleines Fluchtgepäck gepackt. Jeder hielt einen Rucksack für den Fall bereit[4]. Er selber wollte außer dem Rucksack noch die Aktentasche[5] mitnehmen, in der Annes Hefte und Tagebücher steckten. Das hatte er ihr versprochen. Es fielen ja Bomben in Holland, auch in Amsterdam, und Nacht für Nacht zogen die Fliegergeschwader[6] über ihr Dach hin, da gab es Gefahren genug, und sie hatten keinen Keller, und das Haus dröhnte und bebte[7] von den Salven der Flakbatterien.

Er sagte mir, diese Nächte hätten Anne mehr Kraft gekostet, als sie eigentlich besessen habe. Sie sei vor Angst manchmal außer sich gewesen[8], und habe sich erst wieder beruhigt, wenn er sie zu sich ins Bett nahm.

Unter Annes Geschichten findet sich eine, die in dieser Not[9] geschrieben ist.

Angst

Es war eine schreckliche Zeit, die ich damals durchmachte. Rings um uns her wütete[10] der Krieg, und niemand wusste, ob er in der nächsten Stunde noch leben würde. Meine Eltern, Brüder und Schwestern und ich wohnten in der Stadt, aber wir erwarteten, dass wir evakuiert würden oder fliehen müssten. Die Tage waren voll Kanonendonner und Schießerei[11], die Nächte voll geheimnisvoller Funken und Getöse[12], das aus der Tiefe zu kommen schien.

* Ernst Schnabels Buch über Anne Frank basiert auf Aussagen von Leuten, die Anne kannten, wie auch auf Aussagen ihres Vaters.

. . . .

1 advance **2** carelessness **3** match **4** held ready **5** briefcase **6** airplane squadrons **7** boomed and trembled **8** was beside herself **9** anguish **10** raged **11** shooting **12** full of mysterious sparks and noises

Herr Frank mit Anne und einem
ihrer Brüder

Anne Frank Haus an der
Prinsengracht in Amsterdam

Ein Bücherregal verbirgt den
Aufgang zum Versteck

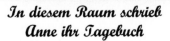

Anne Frank Statue von Mari
Andriessen am Westermarkt

In diesem Raum schrieb
Anne ihr Tagebuch

Beim Lesen

G. Was tat Anne den ganzen Tag?

H. Wie zeigte sich Annes Angst?

I. Was passierte um halb neun abends?

J. Was machte Anne nach dem entsetz-lichen Krachen?

K. Wie sahen die Straßen der Stadt aus?

L. Wie waren Annes Gefühle?

Ich kann es nicht beschreiben. Ich erinnere mich an den Tumult dieser Tage auch nicht mehr ganz genau. Ich weiß nur noch, dass ich den ganzen Tag nichts anderes tat, als Angst zu haben. Meine Eltern suchten mich auf jede Weise[1] zu beruhigen, aber nichts half. Mir war angst[2] innen und außen. Ich aß nicht, schlief schlecht und zitterte[3] nur. Eine Woche lang ging es so, bis eine Nacht kam, an die ich mich erinnere, als wäre sie gestern gewesen.

Um halb neun Uhr abends, als gerade das Schießen etwas nachgelassen hatte[4], lag ich ganz und gar angezogen auf dem Sofa, um etwas zu schlafen. Da wurden wir auf einmal alle aufgeschreckt[5] durch zwei grässliche Explosionen. Wie von der Nadel gestochen sprangen wir auf, alle zugleich, und liefen in den Korridor hinaus. Sogar Mutter, die sonst immer so ruhig war, sah ganz blass aus. Das Knallen wiederholte sich in regelmäßigen Abständen[6], und mit einem Mal hörten wir ein entsetzliches Krachen[7], Klirren und Schreien[8], und ich lief weg, so schnell ich konnte. Mit meinem Rucksack auf dem Rücken und dick angekleidet, rannte ich fort, fort aus diesem schrecklich brennenden Wirrwarr[9]. Rings und an allen Ecken heulten und schrieen die Menschen, die Straße war taghell von brennenden Häusern, und alle Gegenstände sahen beängstigend glühend und rot aus.

Ich dachte nicht an meine Eltern, meine Brüder und Schwestern, ich dachte nur an mich, und dass ich fort musste, immer nur fort. Ich fühlte keine Müdigkeit, meine Angst war stärker. Ich merkte nicht, dass ich meinen Rucksack verlor, ich rannte nur weiter. Ich kann nicht mehr sagen, wie lange ich so lief, immer das Bild der brennenden Häuser, der schreienden Menschen und verzerrten[10] Gesichter vor Augen. Angst war alles, was ich hatte.

Mit einem Mal begriff ich[11], dass es stiller geworden war ringsumher. Ich sah mich um, als erwachte ich aus einem Traume, und ich sah niemanden mehr und nichts. Kein Feuer, keine Bomben, keine Menschen.

. . . .

1 in every way **2** I was afraid **3** trembled **4** had let up **5** startled by **6** intervals
7 a terrible crash **8** rattling and screaming **9** chaos **10** distorted **11** I realized

Ich stand still. Ich befand mich auf einer Wiese. Über meinem Kopf flammten die Sterne und schien der Mond, das Wetter war herrlich, die Nacht kühl, aber nicht kalt. Keinen Laut hörte ich mehr, erschöpft[1] setzte ich mich auf die Erde, breitete die Decke aus, die ich noch auf meinem Arm trug, und legte meinen Kopf darauf.

Ich sah zum Himmel hinauf, und mit einem Male merkte ich, dass ich überhaupt keine Angst mehr hatte, gar nicht mehr, ich war ganz ruhig. Wie verrückt, dass ich überhaupt nicht an meine Familie dachte und auch keine Sehnsucht nach[2] ihnen hatte! Ich wollte nichts als Ruhe, und es dauerte nicht lange, da war ich mitten im Gras unter freiem Himmel eingeschlafen.

Als ich aufwachte, ging gerade die Sonne auf. Ich wusste sofort, wo ich war, denn ich sah im hellen Licht in der Ferne die Häuser, die ich kannte und die am Rande unserer Stadt stehen.

Ich rieb mir die Augen und sah mich noch einmal um. Niemand war in der Nähe. Nur die Pferdeblumen und die Kleeblätter im Gras leisteten mir Gesellschaft[3]. Ich legte mich noch einmal auf meine Decke und überlegte, was ich nun tun sollte. Aber meine Gedanken irrten immer wieder zu dem wunderlichen Gefühl zurück, das ich in der Nacht gehabt hatte.

Später fand ich meine Eltern wieder, und wir wohnten zusammen in einer anderen Stadt.

Nun, wo der Krieg schon lange vorbei ist, weiß ich, wie es gekommen ist, dass unter dem weiten Himmel meine Angst verschwunden war. Damals, allein in der Natur, begriff ich – dass Angst nichts hilft und nichts nützt.

Wem gerade so bange ist wie mir[4] damals, der tut es am besten, sich die Natur anzuschauen und zu sehen, dass Gott viel näher bei uns ist, als die meisten Menschen ahnen[5].

Seit dieser Zeit habe ich, wie viele Bomben auch noch in meiner Nähe gefallen sind, nie wieder richtige Angst gehabt.

Anne Frank

Beim Lesen

M. Wo war Anne dann, und was machte sie?

N. Wie fühlte sich Anne, als sie aufwachte?

O. Was sah Anne alles, als sie aufwachte?

P. Was hat Anne über ihre Angst entdeckt?

Q. Warum hat Anne nie wieder Angst gehabt?

1 exhausted   **2** longing for   **3** kept me company   **4** who is as afraid as   **5** suspect

Nach dem Lesen
Übungen

 1 ### Welche Satzteile passen zusammen?

Welche Satzteile auf der rechten Seite vervollständigen die Satzanfänge
auf der linken Seite?

1. Die Franks hatten Angst gehabt, _____.   a. als sie besessen hat
2. Der Vormarsch der alliierten Truppen _____.   b. außer sich gewesen
3. Sie fürchteten oft, dass im Haus _____.   c. dass die Polizei sie finden könnte
4. Das Haus war alt, und es war _____.   d. ein Brand ausbrechen könnte
5. Deshalb hielt jeder _____.   e. ein kleines Fluchtgepäck bereit
6. Herr Frank wollte außer dem Rucksack _____.   f. in Amsterdam
7. In der Aktentasche _____.   g. machte den Franks Hoffnung
8. Nacht für Nacht fielen Bomben _____.   h. noch die Aktentasche mitnehmen
9. Das Haus dröhnte und bebte _____.   i. sehr viel Holz darin verbaut
10. Die Nächte kosteten Anne mehr Kraft _____.   j. steckten Annes Tagebücher
11. Manchmal sei Anne vor Angst _____.   k. von den Salven der Flakbatterien

 2 ### Welche Wörter aus dem Kasten passen?

1. Mir war angst innen und _____.
2. Wie von der _____ gestochen . . .
3. Ich _____ keine Müdigkeit.
4. Ich stand _____ .
5. Der Mond _____ .
6. Ich hatte keine _____ mehr.
7. Ich _____ mir die Augen.
8. Niemand war _____ .
9. Nur die Blumen leist
    eten mir _____ .
10. Damals war mir sehr _____.

Angst	außen	bange
fühlte		Gesellschaft
in der Nähe	still	Nadel
rieb		schien

3 Welches Wort passt in welche Lücke?

Ergänze den Text mit einem passenden Wort aus dem Kasten.

evakuiert	fliehen	Getöse	Krieg
Schießerei	Stadt	Stunde	Zeit

Es war eine schreckliche ___1___, die ich damals durchmachte. Rings um uns her wütete der ___2___, und niemand wusste, ob er in der nächsten ___3___ noch leben würde. Meine Eltern, Brüder und Schwestern und ich wohnten in der ___4___, aber wir erwarteten, dass wir ___5___ würden oder ___6___ müssten. Die Tage waren voll Kanonendonner und ___7___, die Nächte voll geheimnisvoller Funken und ___8___, das aus der Tiefe zu kommen schien.

Augen	Decke	Gedanken	Gefühl	Gras
Licht	Nähe	Häuser	Rande	Sonne

Als ich aufwachte, ging gerade die ___9___ auf. Ich wusste sofort, wo ich war, denn ich sah im hellen ___10___ in der Ferne die ___11___, die ich kannte und die am ___12___ unserer Stadt stehen. Ich rieb mir die ___13___ und sah mich noch einmal um. Niemand war in der ___14___. Nur die Pferdeblumen und die Kleeblätter im ___15___ leisteten mir Gesellschaft. Ich legte mich noch einmal auf meine ___16___ und überlegte, was ich nun tun sollte. Aber meine ___17___ irrten immer wieder zu dem wunderlichen ___18___ zurück, das ich in der Nacht gehabt hatte.

4 Zum Diskutieren

Setz dich mit anderen Klassenkameraden zusammen und diskutiert zusammen über die folgenden Fragen.

1. Was hat Ernst Schnabel mit Anne Frank zu tun?
2. Was für eine Wohnung hatten die Franks in Amsterdam, und wie fühlten sie sich dort?
3. Was war Annes größte Angst?
4. Ist Annes Tagebucheintrag Wirklichkeit oder nur ein Traum?
5. Wie hat Anne ihre Angst besiegt?
6. Hast du oder einer deiner Mitschüler schon einmal so große Angst gehabt wie Anne? Berichtet davon.

Dies und das

1 Lies die beiden Gedichte und beantworte die Fragen.

a. Wonach sehnt sich die Person in „Heimweh"? Wo ist sie jetzt?

b. Was kann in einem kleinen Lied enthalten sein?

Heimweh

Aus der Heimat verbannt,
Dem Freund entrissen[1],
Schleppt mein Fuß sich durch den fremden Sand,
Und ein Stein ist mein Kissen.

Mag der Lenzwind mein Haus
Jetzt rüttelnd umschlingen,
Nimmer wird er Nacht ein und Nacht aus
Mich in Schlummer mehr singen.

Diese Wälder belauscht[2]
Mein Ohr stets vergebens.
Was zu Hause meine Bäume gerauscht[3],
Waren Klänge des Lebens.

Manche Nacht sann[4] ich schon
Auf die herrlichen Lieder,
Auf den traurigen, wonnigen Ton,
Doch ich fand ihn nicht wieder.

Ricarda Huch (1864–1947)

Ein kleines Lied

Ein kleines Lied, wie geht 's nur an[5],
Dass man so lieb es haben kann,
Was liegt darin? Erzähle!

Es liegt darin ein wenig Klang
Ein wenig Wohllaut[6] und Gesang,
Und eine ganze Seele.

Maria von Ebner-Eschenbach (1830–1916)

Ernst Barlach: *Der singende Mann*
(1928) Bronze, 19 1/2 x 21 7/8

. . . .

1 snatched away from   **2** listen to   **3** rustled   **4** reflected upon   **5** how does it happen   **6** harmony

Kapitel

6 *Vor dem Lesen*
Masken

Lesestrategie

Die Vor-dem-Lesen Strategien gebrauchen Bevor du mit dem Lesen beginnst, untersuche visuelle Hinweise, wie zum Beispiel das Format des Textes und die Illustrationen. Lies die Überschrift und die Anfänge einiger Paragrafen. Suche dann nach Wörtern, die du schon kennst. Diese Strategien helfen dir beim Verstehen, wenn du den Text dann gründlich liest.

Übung

Beantworte die Fragen, bevor du den folgenden Text liest.

1. Der Titel heißt „Masken". Was verbirgt sich hinter einer Maske?
2. Sieh dir die Illustrationen an. Wovon könnte die Geschichte handeln?
3. Lies den Anfang einiger Textabschnitte flüchtig. Was findest du schon heraus, ohne den ganzen Text zu lesen?

Landeskunde

Max von der Grün wurde 1926 in Bayreuth geboren und wuchs während der Nazizeit auf. Grün war von 1943–1944 Soldat und geriet 1944 in amerikanische Gefangenschaft. Nach dem Krieg arbeitete er als Bauarbeiter und Bergarbeiter. Erst 1955 fing Max von der Grün an zu schreiben. Er schreibt für Kinder, Jugendliche und Erwachsene. Seit 1963 lebt Max von der Grün als freier Schriftsteller in Dortmund.

Max von der Grün

Masken

Beim Lesen

Hast du schon einmal einen Freund oder eine Freundin nach vielen Jahren wieder gesehen? Was habt ihr gemacht? Worüber habt ihr gesprochen?

A. Wer traf wen? Wo und wann?

B. Worüber beschwerten sich die Menschen?

C. Was hörten die beiden nicht?

Sie fielen sich unsanft auf dem Bahnsteig 3a des Kölner Hauptbahnhofs in die Arme und riefen gleichzeitig: Du?! Es war ein heißer Julivormittag, und Renate wollte in den D-Zug nach Amsterdam über Aachen, Erich verließ den Zug, der von Hamburg kam. Menschen drängten sich[1] aus den Wagen auf den Bahnsteig. Menschen vom Bahnsteig in die Wagen, die beiden aber standen in dem Gewühl[2], spürten weder Püffe[3] noch Rempeleien[4] und hörten auch nicht, dass Vorübergehende sich beschwerten[5], weil sie ausgerechnet vor den Treppen standen und viele dadurch gezwungen waren, um sie herumzugehen. Sie hörten auch nicht, dass der Zug nach Aachen abfahrbereit[6] war, und es störte Renate nicht, dass er wenige Sekunden später aus der Halle fuhr.

Die beiden standen stumm, jeder forschte im Gesicht des anderen. Endlich nahm der Mann die Frau am Arm und führte sie die Treppen hinunter, durch die Sperre[7], und in einem Lokal in der Nähe des Doms tranken sie Tee.

Nun erzähle, Renate. Wie geht es dir? Mein Gott, als ich dich so plötzlich sah ... du ... ich war richtig erschrocken. Es ist so lange her, aber als du auf dem Bahnsteig fast auf mich gefallen bist ...

Nein, lachte sie, du auf mich.

Da war es mir, als hätte ich dich gestern zum letzten Male gesehen, so nah warst du mir. Und dabei ist es so lange her ...

Ja, sagte sie. Fünfzehn Jahre.

Fünfzehn Jahre? Wie du das so genau weißt. Fünfzehn Jahre, das ist ja eine Ewigkeit[8]. Erzähle, was machst du jetzt? Bist du verheiratet? Hast du Kinder? Wo fährst du hin? ...

D. Was machte der Mann mit dieser Frau?

E. Wie lange haben sich die beiden nicht gesehen?

F. Was möchte der Mann von Renate wissen?

. . . .

1 jostled **2** crowd **3** pokes **4** bumps **5** complained **6** about to depart **7** gate **8** eternity

Langsam, Erich, langsam, du bist noch genau so ungeduldig wie vor fünfzehn Jahren. Nein, verheiratet bin ich nicht, die Arbeit, weißt du. Wenn man es zu etwas bringen will[1], weißt du, da hat man eben keine Zeit für Männer.

Und was ist das für Arbeit, die dich von den Männern fernhält[2]? Er lachte sie an, sie aber sah aus dem Fenster auf die Tauben. Ich bin jetzt Leiterin eines Textilversandhauses[3] hier in Köln, du kannst dir denken, dass man da von morgens bis abends viel zu tun hat und . . .

Donnerwetter! rief er und klopfte mehrmals mit der flachen Hand auf den Tisch. Donnerwetter! Ich gratuliere.

Ach, sagte sie und sah ihn an. Sie war rot geworden.

Du hast es ja weit gebracht, Donnerwetter, alle Achtung[4]. Und jetzt? Fährst du in Urlaub?

Ja, vier Wochen nach Holland. Ich habe es nötig, bin ganz durchgedreht[5]. Und du, Erich, was machst du? Erzähle. Du siehst gesund aus.

Schade, dachte er, wenn sie nicht so eine Bombenstellung[6] hätte, ich würde sie jetzt fragen, ob sie mich noch haben will. Aber so? Nein, das geht nicht, sie würde mich auslachen, wie damals.

Ich? sagte er gedehnt, und brannte sich eine neue Zigarette an. Ich . . . ich . . . Ach weißt du, ich habe ein bißchen Glück gehabt. Habe hier in Köln zu tun. Habe umgesattelt[7], bin seit vier Jahren Einkaufsleiter einer Hamburger Werft[8], na ja, so was Besonderes ist das nun wieder auch nicht.

....
1 if one wants to succeed   **2** keeps you away from   **3** textile mail-order house   **4** hats off   **5** quite stressed   **6** important position   **7** changed jobs   **8** shipyard

Beim Lesen

G. Was erzählt Renate über sich selbst?

H. Wie reagiert Erich darauf?

I. Was möchte Erich am liebsten tun? Warum tut er es nicht?

J. Was erzählt Erich von sich?

K. Warum sind die beiden damals auseinander gegangen?

Oh, sagte sie und sah ihn starr an und ihr Blick streifte seine großen Hände, aber sie fand keinen Ring. Vor fünfzehn Jahren waren sie nach einem kleinen Streit auseinander gelaufen ohne sich bis heute wieder zu sehen. Er hatte ihr damals nicht genügt, der schmalverdienende[1] und immer ölverschmutzte[2] Schlosser. Er solle es erst zu etwas bringen, hatte sie ihm damals nachgerufen, vielleicht könne man später wieder darüber sprechen. So gedankenlos jung war sie damals. Ach ja, die Worte waren im Streit gefallen und trotzdem nicht böse gemeint. Beide aber fanden danach keine Brücke mehr zueinander. Sie wollten und wollten doch nicht. Und nun? Nun hatte er es zu etwas gebracht.

L. Hat Renate den Erich noch immer gern? Was denkt sie über ihn?

M. Warum haben es die beiden nicht eilig? Was sagen sie?

Dann haben wir ja beide Glück gehabt, sagte sie, und dachte, dass er immer noch gut aussieht. Gewiss, er war älter geworden, aber das steht ihm gut. Schade, wenn er nicht so eine Bombenstellung hätte, ich würde ihn fragen, ja, ich ihn, ob er noch an den dummen Streit von damals denkt und ob er mich noch haben will. Ja, ich würde ihn fragen. Aber jetzt?

Jetzt habe ich dir einen halben Tag deines Urlaubs gestohlen, sagte er und wagte nicht, sie anzusehen.

Aber Erich, das ist doch nicht wichtig, ich fahre mit dem Zug um fünfzehn Uhr. Aber ich, ich halte dich bestimmt auf, du hast gewiss einen Termin hier.

Mach dir keine Sorgen, ich werde vom Hotel abgeholt. Weißt du, meinen Wagen lasse ich immer zu Hause, wenn ich längere Strecken fahren muss. Bei dem Verkehr heute, da kommt man nur durchgedreht an.

N. Was fragt Renate den Erich?

Ja, sagte sie. Ganz recht, das mache ich auch immer so. Sie sah ihm nun direkt ins Gesicht und fragte: Du bist nicht verheiratet? Oder lässt du Frau und Ring zu Hause? Sie lachte etwas zu laut für dieses vornehme Lokal.

---

1 little-earning   **2** grease-stained mechanic

Weißt du, antwortete er, das hat so seine Schwierigkeiten. Die ich haben will, sind nicht zu haben oder nicht mehr, und die mich haben wollen, sind nicht der Rede wert[1]. Zeit müsste man eben haben. Zum Suchen, meine ich. Zeit müsste man haben. Jetzt müsste ich ihr sagen, dass ich sie noch immer liebe, dass es nie eine andere Frau für mich gegeben hat, dass ich sie all die Jahre nicht vergessen konnte. Wie viel? Fünfzehn Jahre? Eine lange Zeit. Mein Gott, welch eine lange Zeit. Und jetzt? Ich kann sie doch nicht mehr fragen, vorbei, jetzt, wo sie so eine Stellung hat. Nun ist es zu spät, sie würde mich auslachen, ich kenne ihr Lachen, ich habe es im Ohr gehabt, all die Jahre. Fünfzehn? Kaum zu glauben.

Wem sagst du das? Sie lächelte.

Entweder die Arbeit oder das andere, erwiderte er.

Jetzt müsste ich ihm eigentlich sagen, dass er der einzige Mann ist, dem ich blind folgen würde, wenn er mich darum bäte, dass ich jeden Mann, der mir begegnete, sofort mit ihm verglichen habe[2]. Ich sollte ihm das sagen. Aber jetzt? Jetzt hat er eine Bombenstellung, und er würde mich nur auslachen, nicht laut, er würde sagen, dass . . . ach . . . es ist alles so sinnlos geworden.

Sie aßen in demselben Lokal zu Mittag und tranken anschließend jeder zwei Cognac. Sie erzählten sich Geschichten aus ihren Kindertagen und später aus ihren Schultagen. Dann sprachen sie über ihr Berufsleben, und sie bekamen Respekt vor einander, als sie erfuhren, wie schwer es der andere gehabt hatte bei seinem Aufstieg[3]. Jaja, sagte sie; genau wie bei mir, sagte er.

Aber jetzt haben wir es geschafft[4], sagte er laut und rauchte hastig.

Ja, nickte sie. Jetzt haben wir es geschafft. Hastig trank sie ihr Glas leer.

Sie hat schon ein paar Krähenfüßchen[5], dachte er. Aber die stehen ihr nicht einmal schlecht.

Noch einmal bestellte er zwei Schalen Cognac und sie lachten viel und laut.

. . . .

1 are not worth speaking about **2** compared to him **3** in their climb (to success)
4 we've made it **5** little crows' feet

Beim Lesen

O. Warum ist Erich nicht verheiratet?

P. Warum sagt er Renate nicht, dass er sie noch gern hat?

Q. Wie zeigt es sich, dass Renate den Erich noch immer gern hat?

Beim Lesen

R. Wie sieht Erich in Renates Augen aus?

Er kann immer noch herrlich lachen, genau wie früher, als er alle Menschen einfing mit seiner ansteckenden Heiterkeit[1]. Um seinen Mund sind zwei steile Falten, trotzdem sieht er wie ein Junge aus, er wird immer wie ein Junge aussehen, und die zwei Falten stehen ihm nicht einmal schlecht. Vielleicht ist er jetzt ein richtiger Mann, aber nein, er wird immer ein Junge bleiben.

Kurz vor drei brachte er sie zum Bahnhof.

Ich brauche den Amsterdamer Zug nicht zu nehmen, sagte sie. Ich fahre bis Aachen und steige dort um[2]. Ich wollte sowieso schon lange einmal das Rathaus besichtigen.

Wieder standen sie auf dem Bahnsteig und sahen aneinander vorbei. Mit leeren Worten versuchten sie die Augen des anderen einzufangen, und wenn sie dann doch ihre Blicke trafen, erschraken sie und musterten die Bögen der Halle[3].

Wenn sie jetzt ein Wort sagen würde, dachte er, dann . . .

S. Was denken beide beim Abschied am Bahnsteig?

Ich muss jetzt einsteigen, sagte sie. Es war schön, dich wieder einmal zu sehen. Und dann so unverhofft . . .

Ja, das war es. Er half ihr beim Einsteigen und fragte nach ihrem Gepäck.

Als Reisegepäck aufgegeben[4].

Natürlich, das ist bequemer, sagte er.

Wenn er jetzt ein Wort sagen würde, dachte sie, ich stiege sofort wieder aus, sofort.

Sie reichte ihm aus einem Abteil erster Klasse die Hand.

Auf Wiedersehen, Erich . . .

und weiterhin . . . viel Glück.

Wie schön sie immer noch ist. Warum nur sagt sie kein Wort. Danke, Renate.

Hoffentlich hast du schönes Wetter.

Ach, das ist nicht so wichtig, Hauptsache ist das Faulenzen, das kann man auch bei Regen.

T. Was taten beide bei der Abfahrt des Zuges?

Der Zug ruckte an. Sie winkten nicht, sie sahen sich nur in die Augen, so lange dies möglich war.

Als der Zug aus der Halle gefahren war, ging Renate in einen Wagen zweiter Klasse und setzte sich dort an ein Fenster. Sie weinte hinter einer ausgebreiteten Illustrierten.

U. Wohin ging Renate und was machte sie dort?

. . . .

1 contagious cheerfulness   **2** change trains there   **3** arches of the station   **4** checked as thru-luggage

Wie dumm von mir, ich hätte ihm sagen sollen, dass ich immer noch die kleine Verkäuferin bin. Ja, in einem anderen Laden, mit zweihundert Mark mehr als früher, aber ich verkaufe immer noch Herrenoberhemden, wie früher, und Socken und Unterwäsche. Alles für den Herrn. Ich hätte ihm das sagen sollen. Aber dann hätte er mich ausgelacht, jetzt, wo er ein Herr geworden ist. Nein, das ging doch nicht. Aber ich hätte wenigstens nach seiner Adresse fragen sollen. Wie dumm von mir. Ich war aufgeregt wie ein kleines Mädchen und ich habe gelogen, wie ein kleines Mädchen, das imponieren[1] will. Wie dumm von mir.

Erich verließ den Bahnhof und fuhr mit der Straßenbahn nach Ostheim auf eine Großbaustelle[2]. Dort meldete er sich beim Bauführer[3].

Ich bin der neue Kranführer[4].

Na, sind Sie endlich da? Mensch, wir haben schon gestern auf Sie gewartet. Also dann, der Polier[5] zeigt Ihnen Ihre Bude[6], dort drüben in den Baracken. Komfortabel ist es nicht, aber warmes Wasser haben wir trotzdem. Also dann, morgen früh, pünktlich sieben Uhr.

Ein Schnellzug fuhr in Richtung Deutz. Ob der auch nach Aachen fährt? Ich hätte ihr sagen sollen, dass ich jetzt Kranführer bin. Ach, Blödsinn, sie hätte mich nur ausgelacht, sie kann so verletzend[7] lachen. Nein, das ging nicht, jetzt, wo sie eine Dame geworden ist und eine Bombenstellung hat.

Max von der Grün

....

1 impress **2** large construction site **3** construction boss **4** crane operator
5 foreman **6** shack **7** offensively

v. Warum denkt Renate, dass sie dumm war?

w. Wohin fährt Erich und was macht er dort?

x. Wo wird er jetzt wohnen?

Nach dem Lesen
Übungen

 1 **Die richtige Reihenfolge**
Welcher Satz kommt zuerst? Dann? Danach?

A. Aber er hat so eine Bombenstellung, er würde mich nur auslachen.

B. Die beiden standen stumm. Jeder forschte im Gesicht des anderen.

C. Du bist nicht verheiratet, oder lässt du den Ring zu Hause?

D. Er brachte sie zum Zug. Wenn er jetzt ein Wort sagen würde, stiege ich sofort wieder aus.

E. Er verließ den Bahnhof und fuhr auf eine Großbaustelle.

F. Fünfzehn Jahre! Das ist ja eine Ewigkeit.

G. Ich bin Leiterin eines Textilversandhauses in Köln.

H. Ich habe den Urlaub in Holland nötig. Ich bin ganz durchgedreht.

I. Ich hätte ihr sagen sollen, dass ich jetzt Kranführer bin.

J. Ich müsste ihm sagen, dass er der einzige Mann ist, dem ich blind folgen würde.

K. Ja, ich bin seit vier Jahren Einkaufsleiter einer Hamburger Werft.

L. Renate ging in den Wagen zweiter Klasse, setzte sich an ein Fenster und weinte.

M. Vor 15 Jahren waren sie nach einem kleinen Streit auseinander gegangen.

N. Wenn sie nicht so eine Bombenstellung hätte, würde ich sie fragen, ob sie mich noch will.

Die richtige Reihenfolge ist: 1. _____ 2. _____ 3. _____ 4. _____ 5. _____ 6. _____
7. _____ 8. _____ 9. _____ 10. _____ 11. _____ 12. _____ 13. _____ 14. _____

Richtig oder falsch?

Richtig	Falsch	
☐	☐	**1.** Erich verließ den Zug, der von Hamburg kam.
☐	☐	**2.** Renate stieg in den Zug nach Köln ein.
☐	☐	**3.** Erich und Renate sind schon fünfzehn Jahre ein Paar.
☐	☐	**4.** Renate ist jetzt Leiterin eines Textilversandhauses.
☐	☐	**5.** Erich hat einen neuen Job als Kranführer.
☐	☐	**6.** Erich wird vom Hotel abgeholt.
☐	☐	**7.** Renate hat Erich noch immer gern; er sie auch.
☐	☐	**8.** Erich sieht noch immer wie ein Junge aus.
☐	☐	**9.** Renate fährt in einem Abteil erster Klasse nach Holland.
☐	☐	**10.** Erich wohnt jetzt in einer Baracke auf einer Großbaustelle.

Personenbeschreibung

1. Schreib die Wörter aus dem Text auf, die Renates und Erichs Aussehen beschreiben.

2. Schreib die Fragen aus dem Text auf, die Renate an Erich stellt. Was sind seine Antworten?

3. Schreib die Fragen aus dem Text auf, die Erich an Renate stellt. Was sind ihre Antworten?

4. Schreib die Berufe auf, die im Text erwähnt werden. Was macht man in diesen Berufen?

Zum Diskutieren

Setz dich mit deinen Klassenkameraden in kleinen Gruppen zusammen und diskutiert die folgenden Fragen.

1. Warum belügen sich Erich und Renate?

2. Hätten Erich und Renate glücklich werden können, wenn sie einander die Wahrheit gesagt hätten?

3. Wie ähnlich denken die beiden und wie ähnlich drücken sie sich aus? Was sagt das über die beiden aus?

4. Was hätte jeder von euch in der Rolle von Erich und Renate gesagt und getan?

5. Hast du schon einmal gelogen, um zu imponieren?

Dies und das

1 Lies Nietzsches Gedicht „Vereinsamt". Was ist der Hauptgedanke ? Welche Elemente in Nietzsches Biographie kannst du mit dem Gedicht in Verbindung bringen?

Vereinsamt[1]

Die Krähen schrein
Und ziehen schwirren Flugs zur Stadt:
Bald wird es schnein. –
dem, der jetzt noch – Heimat hat!

Nun stehst du starr,
Schaust rückwärts, ach! wie lange schon!
Was bist du Narr
Vor Winters in die Welt entflohn?

Die Welt – ein Tor
Zu tausend Wüsten stumm und kalt!
Wer das verlor,
Was du verlorst, macht nirgends halt.

Nun stehst du bleich,
Zur Winter-Wanderschaft verflucht[2],
Dem Rauche gleich,
Der stets nach kältern Himmeln sucht.

Flieg, Vogel, schnarr
Dein Lied im Wüstenvogel-Ton! –
Versteck, du Narr,
Dein blutend Herz in Eis und Hohn[3].

Die Krähen schrein
Und ziehen schwirren Flugs zur Stadt:
Bald wird es schnein, –
Weh dem, der keine Heimat hat!

Friedrich Nietzsche

Der deutsche Philosoph, Dichter und Philologe Friedrich Wilhelm Nietzsche wurde 1844 in Sachsen geboren. Sein Vater starb als Friedrich fünf Jahre alt war. Nietzsche studierte in Bonn und Leipzig und bekam als 24-Jähriger eine Professur an der Universität Basel. Seine schlechte Gesundheit zwang ihn, den Lehrstuhl 1879 wieder aufzugeben. Um seine Leiden zu lindern, zog Nietzsche im Winter oft nach Italien. Nietzsche starb 1900 in Wien.

....

1 lonely **2** condemned to **3** scorn

Kapitel

7 *Vor dem Lesen*
Eine größere Anschaffung

Lesestrategie

Wortbedeutung mit Hilfe des Kontexts erraten Die Wörter, die um ein unbekanntes Wort stehen, nennt man den Kontext dieses Wortes. Der Kontext hilft dem Leser beim Verstehen von unbekannten Wörtern. Man setzt ein sinnvolles Wort an die Stelle des unbekannten Wortes und kann so eine mögliche Bedeutung dieses Wortes erraten. Diese Strategie funktioniert in der Muttersprache und in einer Fremdsprache. Manchmal reichen wenige Wörter als Kontext, manchmal braucht man mehrere Sätze, um ein unbekanntes Wort zu verstehen.

Übungen

Einige Wörter in dem Brief sind verwischt. Setze sinnvolle Wörter ein und erkläre kurz, warum du die Wörter gewählt hast.

Hallo Kerstin!
Du, ich war gestern mit meiner Mutter einkaufen. Ich habe mir etwas ganz Tolles angeschafft: eine neue Schultasche aus Leder. Da kriege ich alle meine Bücher und meinen Laptop rein. Außerdem habe ich meinem kleinen Bruder eine neue Spielzeuglokomotive für seine Holzeisenbahn besorgt. Der Verkäufer hat mir echt gut Auskunft gegeben. Er wusste tatsächlich über alles Bescheid. Ich werde die Spielzeuglokomotive in der Garage hinter dem Auto verstecken, damit mein neugieriger Bruder sie nicht vor seinem Geburtstag findet. Am besten hinten in einer dunklen Ecke, wo es so schlimm nach verfaulten Eiern riecht. Da wird er nicht hingehen. Tschüs, deine Mareike

Landeskunde

Der Schriftsteller und bildende Künstler Wolfgang Hildesheimer wurde 1916 geboren. Er war zuerst Schreiner, dann Bühnenbildner und während des Krieges arbeitete er als Englischlehrer. Hildesheimer schrieb Gedichte, Hörspiele, Prosa, und er verfasste eine viel gelobte Biografie über Mozart. Für seine literarische Arbeit erhielt er viele Preise und 1966 auch den renommierten Georg-Büchner-Preis. Hildesheimer starb 1991.

Wolfgang Hildesheimer

Hat dich schon einmal
jemand zum Kauf eines
großen Artikels überredet?
Hast du den Artikel wirklich
gebraucht? Was hast du
damit getan?

A. Was passiert dem
Mann im
Dorfwirtshaus?

B. Was .will der Mann
über die Lokomotive
wissen? Warum?

C. Was zeigt der
Verkäufer dem Mann?

D. Worüber einigen sich
die beiden?

Eine größere Anschaffung[1]

Eines Abends saß ich im Dorfwirtshaus vor (genauer gesagt, hinter) einem Glas Bier, als ein Mann gewöhnlichen Aussehens sich neben mich setzte und mit gedämpft-vertraulicher[2] Stimme fragte, ob ich eine Lokomotive kaufen wolle. Nun ist es zwar ziemlich leicht, mir etwas zu verkaufen, denn ich kann schlecht nein sagen, aber bei einer größeren Anschaffung dieser Art schien mir doch Vorsicht am Platze[3]. Obgleich ich wenig von Lokomotiven verstehe, erkundigte ich mich nach Typ, Baujahr und Kolbenweite[4], um bei dem Mann den Anschein zu erwecken[5], als habe er es hier mit

einem Experten zu tun, der nicht gewillt sei, die Katze im Sack zu kaufen, wie man so schön sagt. Er gab bereitwillig Auskunft und zeigte mir Ansichten, die die Lokomotive von vorn und von den Seiten darstellten. Sie sah gut aus, und ich bestellte sie, nachdem

wir uns vorher über den Preis geeinigt hatten[6], unter Rücksichtnahme auf die Tatsache[7], dass es sich um einen Secondhand-Artikel handelte.

....

1 acquisition   **2** hushed and intimate   **3** caution seemed to be appropriate   **4** piston diameter   **5** to create the impression   **6** had agreed on   **7** considering the fact

Schon in derselben Nacht wurde sie gebracht. Vielleicht hätte ich daraus entnehmen sollen[1], dass der Lieferung eine anrüchige Tat zu Grunde lag[2], aber ich kam nun einmal nicht auf die Idee. Ins Haus konnte ich die Lokomotive nicht nehmen, es wäre zusammengebrochen, und so musste sie in die Garage gebracht

Beim Lesen

E. Auf welche Idee kam der Mann nicht?

werden, ohnehin der angemessene[3] Platz für Fahrzeuge. Natürlich ging sie nur halb hinein. Hoch genug war die Garage, denn ich hatte früher einmal meinen Fesselballon[4] darin untergebracht, aber er war geplatzt. Für die Gartengeräte war immer noch Platz.

Bald darauf besuchte mich mein Vetter. Er war ein Mensch, der jeglicher Spekulation und Gefühlsäußerung abhold[5], nur die nackten

F. Wohin brachte er die Lok?

G. Warum war da genügend Platz?

Tatsachen gelten lässt[6]. Nichts erstaunt ihn, er weiß alles, bevor man es ihm erzählt, weiß es besser und kann alles erklären. Kurz, ein unausstehlicher[7] Mensch. Nach der Begrüßung fing ich an: „Diese herrlichen Herbstdüfte . . . " – „Welkendes Kartoffelkraut", sagte er. Fürs erste steckte ich es auf[8] und schenkte mir von den Kognak ein,

H. Was für ein Mann ist der Vetter?

....
1 I should have gathered **2** that the delivery was based on a shady transaction
3 proper **4** hot-air balloon **5** averse to any speculation and expression of feeling
6 accepts **7** intolerable **8** I let it pass

Beim Lesen

I. Warum wollte der Vetter bei dem Mann übernachten?

J. Worüber ist der Vetter überrascht?

den er mitgebracht hatte. Er schmeckte nach Seife, und ich gab dieser Empfindung Ausdruck[1]. Er sagte, der Kognak habe, wie ich auf dem Etikett ersehen könne, auf den Weltausstellungen in Lüttich und Barcelona große Preise erhalten, sei daher gut. Nachdem wir schweigend mehrere Kognaks getrunken hatten, beschloss er, bei mir zu übernachten und ging den Wagen einstellen[2]. Einige Minuten darauf kam er zurück und sagte mit leiser, zitternder Stimme, dass in meiner Garage eine große

K. Was erzählt der Mann seinem Vetter? Ist das wahr?

Schnellzuglokomotive stünde. „Ich weiß", sagte ich ruhig und nippte von meinem Kognak, „ich habe sie mir vor kurzem angeschafft." Auf seine zaghafte[3] Frage, ob ich öfters damit fahre, sagte ich nein, nicht oft, nur neulich nachts hätte ich eine benachbarte Bäuerin, die ein freudiges Ereignis erwartete[4], in die Stadt, ins Krankenhaus gefahren. Sie hätte noch in derselben Nacht

---

1 I expressed this sensation   **2** to put away   **3** timid   **4** expecting a blessed event

Zwillingen das Leben geschenkt[1]. Übrigens war das alles erlogen, aber bei solchen Gelegenheiten kann ich oft diesen Versuchungen nicht widerstehen[2]. Ob er es geglaubt hat, weiß ich nicht, er nahm es schweigend zur Kenntnis, und es war offensichtlich, dass er sich bei mir nicht mehr wohl fühlte. Er wurde einsilbig[3], trank noch ein Glas Kognak und verabschiedete sich. Ich habe ihn nicht mehr gesehen.

Als kurz darauf die Meldung durch die Tageszeitung ging, dass den französischen Staatsbahnen eine Lokomotive abhanden gekommen sei[4] (sie sei eines Nachts vom Erdboden – genauer gesagt vom Rangierbahnhof[5] – verschwunden gewesen) wurde mir natürlich klar, dass ich das Opfer[6] einer unlauteren[7] Transaktion geworden war. Deshalb begegnete ich auch dem Verkäufer, als ich ihn kurz darauf im Dorfgasthaus sah, mit zurückhaltender[8] Kühle. Bei dieser Gelegenheit wollte er mir einen Kran verkaufen, aber ich wollte mich in ein Geschäft mit ihm nicht mehr einlassen[9], und außerdem, was soll ich mit einem Kran?

Wolfgang Hildesheimer

L. Wie reagiert der Vetter auf die Antwort des Mannes?

M. Was für eine Meldung erschien in der Tageszeitung?

N. Wen traf der Mann wieder, und was wollte dieser dem Mann jetzt verkaufen?

---

1 gave birth to   **2** I can't resist the temptation   **3** he became silent   **4** was missing
5 switchyard   **6** victim   **7** shady   **8** reserved   **9** I didn't want to get involved

Nach dem Lesen
Übungen

1 **Richtig oder falsch**

Richtig	Falsch	
☐	☐	1. Der Erzähler *(narrator)* will eine Lokomotive verkaufen.
☐	☐	2. Der Erzähler ist nicht gewillt, die Katze im Sack zu kaufen.
☐	☐	3. Die Lokomotive wurde schon in derselben Nacht gebracht.
☐	☐	4. In der Garage ist schon ein Fesselballon untergebracht.
☐	☐	5. Der Vetter des Erzählers ist ein sehr netter Mensch.
☐	☐	6. Der Vetter liebt die herrlichen Herbstdüfte.
☐	☐	7. Der Erzähler fährt oft mit der Lokomotive ins Krankenhaus.
☐	☐	8. Der Vetter übernachtet im Haus des Erzählers.
☐	☐	9. Die Lokomotive gehört den französichen Staatsbahnen.
☐	☐	10. Der Verkäufer will die Lokomotive mit einem Kran abholen.

2 **Welche Wörter aus dem Kasten passen?**

1. schlecht _____ sagen können

2. mir schien Vorsicht am _____

3. den Anschein _____

4. die Katze im _____ kaufen

5. sich über den Preis _____

6. der Vetter ist ein _____ Mensch

7. der Empfindung _____ geben

8. einen Preis _____

9. das Auto in die Garage _____

10. ein freudiges Ereignis _____

11. der Versuchung nicht _____ können

12. zur Kenntnis _____

Ausdruck	nehmen
einigen	nein
einstellen	Platze
erhalten	Sack
erwarten	unausstehlicher
erwecken	widerstehen

3 Welches Wort passt?

Ergänze den Text mit einem passenden
Wort aus dem Kasten.

entnehmen	Fesselballon
Garage	gebracht
Grunde	halb
Hoch	Idee
nehmen	Platz

Schon in derselben Nacht wurde sie ___1___.
Vielleicht hätte ich daraus ___2___ sollen,
dass der Lieferung eine anrüchige Tat zu
___3___ lag, aber ich kam nun einmal nicht
auf die ___4___. Ins Haus konnte ich die
Lokomotive nicht ___5___, und so musste sie
in die ___6___ gebracht werden, ohnehin der
angemessene ___7___ für Fahrzeuge. Natürlich ging sie nur ___8___ hinein.
___9___ genug war die Garage, denn ich hatte früher einmal meinen ___10___
darin untergebracht.

abhanden	begegnete
Gelegenheit	gesagt
klar	Kran
Meldung	Opfer
Staatsbahnen	zurückhaltender

Als kurz darauf die ___11___ durch die
Tageszeitung ging, dass den französischen
___12___ eine Lokomotive ___13___
gekommen sei (sie sei eines Nachts vom
Erdboden – genauer ___14___ vom
Rangierbahnhof – verschwunden gewesen)
wurde mir natürlich ___15___, dass ich das
___16___ einer unlauteren Transaktion
geworden war. Deshalb ___17___ ich auch
dem Verkäufer, als ich ihn kurz darauf sah,
mit ___18___ Kühle. Bei dieser ___19___ wollte er mir einen ___20___ verkaufen.

4 Zum Diskutieren

Diskutier mit anderen Klassenkameraden über die folgenden Fragen.

1. Fass den Inhalt der Geschichte kurz zusammen. Was sind die wichtigsten Fakten?

2. Was will der Autor mit dieser Geschichte zum Ausdruck bringen?

3. Was für Dinge habt ihr euch schon einmal gekauft, die ihr wirklich
   nicht gebraucht habt? Warum?

4. Was für Leute kaufen sich außergewöhnliche Dinge? Wisst ihr von solchen
   Personen und ihren außergewöhnlichen Anschaffungen?

5 Ein Verkaufsgespräch

Setzt euch jetzt zu zweit zusammen. Einer spielt die Rolle eines Verkäufers, der
andere die Rolle eines Käufers. Der Verkäufer soll den Käufer zur Anschaffung eines
„großen" Artikels überreden, und der Käufer muss den Verkäufer überreden, dass
er diesen Artikel wirklich nicht braucht.

Dies und das

1 Lies die folgenden Aphorismen*. Welche kennst du schon? Welche sprechen dich an?

Kenntnisse kann jedermann haben, aber die Kunst zu denken ist das seltenste Geschenk der Natur.

Friedrich der Große (1712–1786)

Was der **Frühling** nicht säte, kann der Sommer nicht reifen, der Herbst nicht ernten und der Winter nicht genießen.

Johann Gotthelf Herder (1744–1803)

Es ist nicht genug zu **wissen**; man muss auch anwenden;
es ist nicht genug zu wollen; man muss auch tun.

Man sollte alle Tage wenigstens ein kleines **Lied** hören,
ein gutes Gedicht lesen,
ein schönes Gemälde sehen und –
wenn es möglich wäre –
einige vernünftige Worte sprechen.

Johann Wolfgang von Goethe (1749–1832)

Nicht da ist man **daheim**, wo man seinen Wohnsitz hat, sondern wo man verstanden wird.

Christian Morgenstern (1871–1914)

Das beste Mittel, den Tag gut zu beginnen, ist: beim Erwachen daran zu denken, ob man nicht wenigstens einem Menschen an diesem Tag eine **Freude** machen kann.

Friedrich Nietzsche (1844–1900)

Glück ist gute Gesundheit und ein schlechtes Gedächtnis.

Albert Schweizer (1875–1965)

Die **Welt** wird nie gut, aber sie könnte besser werden.

Carl Zuckmayer (1896–1977)

Es ist schön, mit jemand **schweigen** zu können.

Kurt Tucholsky (1890–1935)

Ein **Kompromiss**, das ist die Kunst, einen Kuchen so zu teilen, dass jeder meint, er habe das größte Stück bekommen.

Ludwig Erhard (1897–1977)

*Aphorismen sind kurze kritische Aussprüche, die eine Wahrheit oder Meinung ausdrücken.

8

Vor dem Lesen
Kämpfen oder Klappe halten

Lesestrategie

Die Absicht des Autors erkennen Was ist die Absicht des Autors? Soll der Text informieren, kritisieren, erklären, überzeugen, eine bestimmte Stimmung schaffen, unterhalten oder mehrere Aufgaben gleichzeitig erfüllen? Überschrift, Illustrationen und der Beginn des Textes machen die Autorenabsicht oft schon deutlich. Wer der Autor oder die Autorin ist, und was der Leser über ihn oder sie weiß, kann ebenfalls beim Leseverständnis helfen.

Übung

Lies die Überschrift, sieh dir die Illustrationen an, lies den ersten Absatz und finde heraus, wer den Text geschrieben hat. Lies auch den Landeskundeartikel unten. Beantworte dann folgende Fragen.

1. Wer hat den Text geschrieben? Woher kommt die Autorin? Wo lebt sie?
2. Welche Stimmung schafft die Überschrift?
3. Welches Thema wird im ersten Absatz angesprochen?
4. Was könnte die Absicht dieses Textes sein? (Du hast bisher nur den ersten Absatz gelesen.)

Landeskunde

Im Jahre 1961 unterzeichneten die Bundesrepublik Deutschland und die Türkei ein Abkommen, das zum Ziel hatte, Menschen aus der Türkei für einen zeitlich begrenzten Aufenthalt in die BRD anzuwerben. Heute leben 8 Millionen Ausländer in Deutschland, davon sind 2,4 Millionen Türken. Herkunft, Tradition, Religion und Sprache waren für beide Seiten neu und zunächst unbekannt. Heute haben viele Türken ihre eigenen Unternehmen, einige von ihnen engagieren sich politisch und sind Abgeordnete in Landtagen. Für sie ist Deutschland zur Heimat geworden. – Eine Deutsche türkischer Abstammung behandelt unter dem Namen Mihriban Probleme der Einwanderer.

Türkische Immigranten

Kämpfen oder Klappe halten[1]

Beim Lesen

Kennst du Leute, die in diesem Land wohnen, sich aber nicht wie zu Hause fühlen? Was sind einige Probleme, die diese Leute haben?

A. Warum sollte sich die Frau in Deutschland zu Hause fühlen? Warum tut sie es nicht?

B. Was tut die Frau nicht? Warum nicht?

C. Warum denkt die Frau an die Türken in der Türkei?

Ich bin in dieser Stadt geboren, hier aufgewachsen, habe hier geheiratet, arbeite hier und ziehe meine Kinder hier groß. Eigentlich sollte ich mich hier zu Hause fühlen. Tu ich aber nicht richtig. Ich wollte auch nie in der Türkei leben. Ich weinte nicht herum, dass ich keine Heimat habe, wie so viele andere. Ich finde das lächerlich. Ich mag es nicht, wenn die Leute herumheulen[2], weil sie etwas nicht haben. Entweder muss man es sich beschaffen[3], oder man findet sich damit ab[4], dass man es nicht hat, und hält die Klappe.

Ich kann dieses Verhalten nachvollziehen[5]. Schließlich habe ich auch mal so ähnlich gedacht. Das sage ich nicht nur so, damit ich als die Schlaue dastehe[6], die zu einer Einsicht gelangt ist[7].

Ich habe mich oft gefragt, warum ich mich hier nicht richtig zu Hause fühle. Ich schaue mir die Türken in der Türkei an. Es geht ihnen gut. Sie wissen, wo sie hingehören, und sie verbindet eine

Zugehörigkeit[8]. Sie können sagen: „Wir gehören hierher." Wenn sie das sagen, guckt keiner blöd und widerspricht ihnen. Warum auch? Sie sehen alle irgendwie türkisch aus, falls es so etwas gibt. Da sagt einer, er lebt schon lange in der Türkei, er spricht türkisch, er hat einen türkischen Pass und behauptet, er sei Türke, dann wird das auch stimmen. Zumindest fragt auch keiner so genau nach. In Deutschland ist es ähnlich mit den Deutschen:

D. Was fragt keiner in der Türkei einen Türken?

E. Was ist in Deutschland ähnlich?

Da sieht einer einigermaßen[9] deutsch aus, spricht ganz gut Deutsch, verhält sich auch einigermaßen deutsch und hat einen deutschen Pass, dann gibt es auch hier keine Probleme. Es wird interessant, wenn jemand zwar hier geboren und aufgewachsen ist und Deutsch spricht, aber gar nicht aussieht wie ein Deutscher

. . . .

1 fight or shut up **2** cry all over the place **3** you have to get it **4** you resign yourself to it **5** understand **6** look like the smart one **7** who reached some sort of insight **8** affiliation **9** reasonably

und sich gar nicht so verhält wie einer, aber trotzdem behauptet, er wäre Deutscher: Dann kann er seinen deutschen Pass auch noch so hochhalten. Ihm glaubt keiner so richtig, und alle gucken ein bisschen blöd, egal, ob sie das gut finden oder nicht.

Wenn Sie in einem Haus dafür sorgen, dass der Kühlschrank voll ist, immer schön Lebensmittel anschaffen[1], aber wenn es dann darum geht, den Kühlschrank zu öffnen und sich etwas zu essen herauszuholen, blöd angeglotzt zu werden[2], können Sie sich da zu Hause fühlen? So fühle ich mich hier. Aber ich jammere[3] nicht.

Vor Jahren habe ich mir gewünscht, meine Eltern wären nie hergekommen. Dann wäre ich jetzt in der Türkei und wäre bei „meinen Leuten". Jetzt sind es natürlich nicht „meine Leute", aber sie wären es, wenn ich immer dort gewesen wäre. Diese Möglichkeit hätte sich nur in der Türkei ergeben, denn nur, wenn jemand immer in dem Land bleibt, dessen Kultur er übernimmt[4], dessen Sprache er spricht und dessen Menschen er ähnlich sieht, hat er eine Heimat. Aber wer hat heutzutage eine Heimat? Das ist ein altmodisches Wort.

Jeden hat es von einem Ort zum anderen verschlagen[5]. Sogar die Deutschen wandern aus. Da sagt keiner „Wirtschaftsflüchtling[6]". Sie wandern aus weit luxuriöseren Gründen aus als andere. Was weiß ich, weil das Wetter hier so schlecht ist oder weil die Menschen hier so

1 provide 2 to be gawked at stupidly 3 complain 4 adopts 5 everyone has been driven 6 economic refugee

Beim Lesen

F. Wann gibt es erst Probleme?

G. Was für einen Vergleich führt die Autorin an?

H. Wann hat ein Mensch erst eine richtige Heimat?

I. Warum wandern Deutsche aus?

Kapitel 8   65

unfreundlich sind. Wenn jemand aus solchen niederen Gründen[1] auswandert, ist er „Edelmigrant". Wenn jemand um seine Existenz kämpft, dann ist er „Wirtschaftsflüchtling" oder hungriger Schmarotzer[2].

Heute brauche ich keine Heimat. Ich habe mich davon befreit. Was machen die Leute, die eine Heimat haben? Geht es ihnen besser? Ich sehe, dass das im Leben eines Menschen nur die Bedeutung hat, die man ihm gibt. Ich gebe einfach nichts mehr darum[3], Schluss aus! Ich verschwende[4] meine Kraft nicht damit, um etwas zu trauern[5], was ich nie hätte haben können.

Ich habe wahrscheinlich Glück gehabt. Ich habe vier weitere Geschwister, ich bin die jüngste und die einzige, die hier geboren ist. Ich wurde, glaube ich, etwas verwöhnt[6]. Meine Eltern ließen mir mehr durchgehen als meinen anderen Geschwistern. Ich hatte auch immer meinen eigenen Kopf. Das war manchmal gut, aber manchmal auch schlecht.

J. Womit verschwendet die Frau ihre Kraft nicht?

K. Warum sagt die Frau, dass sie Glück gehabt hat?

Ich habe die Realschule beendet und eine Lehre als Einzelhandelskauffrau[8] gemacht. Nichts Besonderes, aber hier wird darauf geachtet[9], ob jemand eine Lehre hat oder nicht. Hauptsache, man kann irgendetwas nachweisen[10]. Wenn man mitmachen möchte, muss man die Spielregeln kennen.

Sonst schmollt[11] man in der Ecke.

Ich sehe das als Aufrüstung[12]. Alles an Wissen kann nützlich sein. Nicht umsonst heißt es „Wissen ist Macht". Ich gucke immer deutsche und türkische Nachrichten oder Dokumentationen. Ich möchte wissen, wie es in der Welt aussieht. Ich möchte mitreden können, wenn es darauf ankommt[13]. Meine Familie macht

L. Was für eine Ausbildung hat sie?

M. Wie informiert sie sich?

....

1 inferior reasons **2** sponger **3** I don't care about this **4** waste **5** to mourn
6 spoiled **7** overlooked **8** retailer **9** one pays attention **10** show (proof of)
something **11** sulks **12** strength, armor **13** when it counts

manchmal Witze mit mir. Sie nennt mich „Frau Professorin". Aber ich glaube, dass die es gut finden, wie ich mich damit beschäftige. Ich will nicht von anderen etwas dafür bekommen. Das mache ich nur für mich und für meine Kinder.

In dieser Gegend wohnen fast nur Türken. Der Gemüseladen gehört meinen Eltern. Meine älteren Geschwister hatten alle schon eine Arbeit, als mein Vater zu alt zum Arbeiten wurde. Da habe ich den Laden mit meinem Mann übernommen. Die Geschäfte laufen gut. Gemüse braucht jeder. Wir verkaufen nichts anderes, und hier ist alles frisch. Deswegen kaufen auch viele Deutsche bei uns ein. Die älteren fühlen sich wie in alten Zeiten, als es keine Supermärkte gab. Sie kommen und bleiben länger als nötig. Sie erzählen

Geschichten und fragen nach Rezepten. Wahrscheinlich leben sie allein und langweilen sich. Allah kimseyi bu hale düsürmesin. Gott soll niemanden in diese Lage bringen. Manchmal habe ich nicht so viel Zeit. Dann sage ich meinen Kindern, sie sollen sich um die Leute kümmern[1]. Ältere Menschen sind wichtig in jedermanns Leben. So wie sie sich einst um uns kümmerten, so müssen wir uns um sie kümmern, und so soll es uns später auch gehen.

Es gibt auch jüngere Deutsche, die herkommen und im Laden verweilen[2]. Ich habe am Anfang nicht verstanden, warum sie uns beobachteten[3]. Ich dachte anfangs, sie kämen, um uns zu kontrollieren, ob wir alles richtig machen. Ich hatte dann besonders darauf geachtet, dass alles sauber und aufgeräumt war. Aber sie waren nicht zum Kontrollieren da. Sie wollten sehen, wie wir leben, wie wir sind.

....

1 take care of **2** hang out **3** observed

N. Was für einen Laden hat die Frau und wer sind ihre Kunden?

O. Um wen kümmern sich die Kinder der Frau? Warum?

P. Warum kommen jüngere Deutsche in den Laden?

Q. Was tun die Deutschen in dem Gemüseladen, wenn man sie anredet?

Es ist schon komisch mit den Deutschen. Sie kommen und beobachten uns stundenlang, aber wenn man sie anredet, dann laufen sie ganz schnell raus. Ich habe das nie verstanden, bis ich mich gefragt habe, warum sie ausgerechnet hierher kommen und uns beobachten, manchmal zu zweit, manchmal auch allein: Wir sind für sie eine Abwechslung[1]. Es ist wie Fernsehen für sie. Jetzt überleg dir mal, dein Fernseher redet mit dir. Spaß beiseite, ich glaube wirklich, dass wir für diese Leute eine Art Unterhaltung sind. Für uns ist es normal, wie wir sind. Aber für sie ist es so interessant, wie wir Tee kochen oder aus welchen Gläsern wir Tee trinken, wie wir miteinander reden, wie wir uns verhalten. Alles ist neu. Vielleicht wie Urlaub.

Nur ein paar Meter von ihrem Haus entfernt gibt es eine andere Welt. Ich glaube nicht, dass sie dazugehören wollen. Dafür ist es vielleicht zu anders.

Es gibt auch welche, die trinken einen Tee mit uns. Sie reden mit den Kindern und stellen ihnen Fragen. Sie wollen etwas Neues entdecken.

Meine Kinder sind hier geboren und hier aufgewachsen. Sie gehen in eine deutsche Schule, sie sprechen besser Deutsch als Türkisch. Aber trotzdem suchen diese Leute nach einem Unterschied. Das wollen sie dann weitererzählen, von wegen „ich hab mit einem türkischen Kind gesprochen, und das war so anders; ich habe dies und das entdeckt".

Von jedem von uns wird eine Abenteuergeschichte erwartet. Wie jeder in dieser Gesellschaft[2] haben auch wir bestimmte Funktionen und Eigenschaften[3], und zwar als ein Ganzes[4]. Zu unseren Eigenschaften gehört es eben auch, dass wir interessante

R. Warum sprechen diese Deutschen gern mit den türkischen Kindern?

. . . .

1 diversion   **2** society   **3** qualities   **4** entity

Geschichten über unser Leben erzählen können. Letztens wurde ich gefragt, ob wir hierher geflohen seien. Da war jemand ganz scharf auf eine Fluchtgeschichte, wie sie im Bilderbuch steht. Ist ja in jetzt, wo alle von der Flucht aus der Türkei reden. „Nein", habe ich gesagt, „wir sind weder geflohen noch haben wir in der Türkei gehungert. Wir sind schlicht und einfach[1] eingewandert." Das ist die Wahrheit, und alle müssen diese Wahrheit akzeptieren. Es gibt hier viele Ausländer, die Geschichten erzählen können, dass einem

Beim Lesen

s. Wie ist diese türkische Familie nach Deutschland gekommen?

T. Was ist das Einzige, was Ausländer von Deutschen unterscheidet?

U. Worum müssen die Türken in Deutschland kämpfen?

V. Was bringt nichts?

ganz anders dabei wird[2]. Aber es gibt mindestens genauso viele, die hier leben, ganz normal. Sie haben nichts Außerordentliches zu berichten, und ihr Lebenslauf[3] liest sich wie der eines Deutschen, nur der Name ist nicht deutsch und vielleicht das Gesicht. Das soll aber nicht heißen, dass wir wie die Deutschen sind.

Man kann es nehmen, wie man will: Wir werden nie ein Teil der deutschen oder der türkischen Gesellschaft. Für uns ist nichts vorbereitet. Wir müssen um alles kämpfen, was wir haben wollen: um Aufenthalt[4], um Sprache, um Bildung, um Staatsbürgerschaft[5], um Anerkennung[6], um Respekt, um alles. Und wollen wir eine Heimat, dann müssen wir sogar darum kämpfen. Es bringt nichts[7], die Leute zu beneiden[8], die das in die Wiege gelegt bekommen haben. Man hat ja nicht mehr Geld, weil man die Reichen beneidet. Kämpfen oder Klappe halten. Eine andere Möglichkeit gibt es nicht.

Mihriban

....

1 we plainly   **2** that you get sick of (hearing)   **3** life story   **4** residency   **5** citizenship
6 recognition   **7** it doesn't help   **8** envy

Nach dem Lesen
Übungen

Wie geht jeder Satz zu Ende?
Suche für jeden Satzanfang auf der linken Seite ein passendes Satzende auf der rechten Seite.

1. Ich bin in dieser Stadt geboren, _____ .
2. Ich sollte mich hier zu Hause fühlen, _____ .
3. Ich sehe die Türken in der Türkei und _____ .
4. Vor Jahren hab ich mir gewünscht, _____ .
5. Ich gebe jetzt nichts mehr darum, _____ .
6. Ich bin hier geboren, und ich wurde _____ .
7. Ich habe die Realschule beendet _____ .
8. Ich habe den Gemüseladen _____ .

a. dass ich keine Heimat habe
b. und ich bin hier aufgewachsen
c. meine Eltern wären nie hergekommen
d. sie wissen, wo sie hingehören
e. tu es aber nicht richtig
f. von meinen Eltern übernommen
g. etwas verwöhnt, glaube ich
h. und eine Lehre gemacht

— — — — — —

9. Im Gemüseladen ist alles frisch, _____ .
10. Sie fühlen sich wie in alten Zeiten, _____ .
11. Sie kommen und bleiben _____ .
12. Sie erzählen Geschichten und _____ .
13. Sie leben allein _____ .
14. Manchmal hab ich nicht viel Zeit, und _____ .
15. Alte Menschen sind wichtig _____ .
16. Sie kümmerten sich einst um uns, und _____ .

i. als es keine Supermärkte gab
j. fragen nach Rezepten
k. in jedermanns Leben
l. jetzt müssen wir uns um sie kümmern
m. dann kümmern meine Kinder sich um sie
n. länger als nötig
o. und langweilen sich
p. und viele Deutsche kaufen bei uns

— — — — —

17. Meine Kinder gehen in die Schule und _____ .
18. Letztens wurde ich gefragt, ob _____ .
19. Nein, wir sind nicht geflohen, wir _____ .
20. Viele Türken leben hier. Ihr Lebenslauf _____ .
21. Wir werden nie ein Teil der deutschen _____ .
22. Wir müssen um alles kämpfen, _____ .
23. Wir kämpfen um Sprache, um Bildung, _____ .
24. Wir müssen kämpfen oder _____ .

q. die Klappe halten
r. liest sich wie der eines Deutschen
s. oder der türkischen Gesellschaft
t. sind einfach eingewandert
u. um Respekt, um alles
v. sprechen besser Deutsch als Türkisch
w. was wir haben wollen
x. wir hierher geflohen sind

2 Welches Wort passt?

Ergänze den Text mit einem passenden Wort aus dem Kasten.

fühlen	geboren	geheiratet	Heimat
herumheulen	lächerlich	leben	ziehe

Ich bin in dieser Stadt ____1____, hier aufgewachsen, habe hier ____2____, arbeite hier und ____3____ meine Kinder hier groß. Eigentlich sollte ich mich hier zu Hause ____4____. Tu ich aber nicht richtig. Ich wollte auch nie in der Türkei ____5____. Ich weine nicht herum, dass ich keine ____6____ habe, wie so viele andere. Ich finde das ____7____. Ich mag es nicht, wenn die Leute ____8____, weil sie etwas nicht haben.

beneiden	beneidet	bringt	Gesellschaft	Heimat	kämpfen
Möglichkeit	nehmen	Sprache	Teil	vorbereitet	Wiege

Man kann es ____9____, wie man will: Wir werden nie ein ____10____ der deutschen oder der türkischen ____11____. Für uns ist nichts ____12____. Wir müssen um alles ____13____, was wir haben wollen: um Aufenthalt, um ____14____, um Bildung, um Staatsbürger-schaft, um alles. Und wollen wir eine ____15____, dann müssen wir sogar darum kämpfen. Es ____16____ nichts, die Leute zu ____17____, die das in die ____18____ gelegt bekommen haben. Man hat ja nicht mehr Geld, weil man die Reichen ____19____. Kämpfen oder Klappe halten. Eine andere ____20____ gibt es nicht.

3 Personenbeschreibung

1. Schreib die Stellen aus dem Text auf, die Mihriban beschreiben.

2. Schreib die Stellen aus dem Text auf, die Mihribans Gefühle beschreiben.

4 Zum Diskutieren

Diskutier die folgenden Fragen mit deinen Klassenkameraden.

1. Was bedeutet „Heimat" für Mihriban? Was bedeutet „Heimat" für dich?

2. Mihriban fühlt sich in Deutschland nicht ganz zu Hause. Warum nicht?

3. Viele Deutsche, alte und junge, kommen zu Mihriban zum Einkaufen. Warum wohl?

4. Mihriban akzeptiert ihr Leben als Deutsche türkischer Abstammung *(origin)* in Deutschland. Wie hat sie das getan?

5. Wer von euch kennt Leute, die ihn ähnlichen Verhältnissen – zwischen zwei Kulturen – leben? Wie kommen diese Leute mit ihrem Leben zurecht?

Dies und das

1 Lies diese Schüleraussprüche.

Sprüche von Schülern für Schüler

Du hast es gut, du kannst
denken, was du willst.
Ich muss erst warten, bis mir
was einfällt.

**Ich könnte noch tausend Gründe nennen,
wenn ich welche wüsste.**

Alle warten darauf, dass man
etwas faltsch macht.

Man gewöhnt sich an alles,
auch an dem Dativ.

Lieber fernsehmüde als radioaktiv.

*Wir sitzen alle im selben Boot –
nur angeln die anderen, und wir rudern.*

Wer nichts lernt, kann nichts vergessen.

*Schluss mit dem Dividieren!
Wir teilen nichts.*

Schützt die Tiere!
Schluss mit den Gänsefüßchen!

Das Handy ist des Schülers Lust.

Lieber Sport am Sonntag* als Mathe am Montag.

2 ## Übung

Beantworte die Fragen und schreib deine Antworten auf einen Zettel.

1. Welche Aussprüche haben einen Fehler? Warum?

2. Welche Aussprüche haben etwas mit Denken und Lernen zu tun?

3. Welche Aussprüche befassen sich mit Schulfächern? Welche mit Sport?

4. Welche Aussprüche hast du schon gekannt?

* Beliebte Sportsendung, die jeden Sonntagabend im Fernsehen läuft.

9 *Vor dem Lesen*
𝕭𝖆𝖑𝖑𝖆𝖉𝖊𝖓

Lesestrategie

Den Inhalt durch symbolische Zeichnungen verdeutlichen
Symbolhafte Zeichnungen stellen eine Situation oder Lage sehr verein facht zeichnerisch dar. Sie können den zeitlichen Ablauf und beschriebene Stimmungen darstellen. Sie können auch anzeigen, wer gerade zu wem spricht, was in einer Ballade sehr wichtig sein kann, da häufig abstrakte Wesen auftauchen und sprechen.

Übungen

1. Lies die ersten zwei Strophen aus Goethes Ballade *Die Hochzeitsnacht* und achte auf die symbolhaften Zeichnungen am Textrand. Wie helfen sie dir beim Verständnis?

2. Lies Strophen 3. und 4. der Ballade und mache deine eigenen symbolhaften Zeichnungen daneben. Sie sind sinnvoll, wenn sie dir beim Leseverständis helfen.

Die ersten vier Strophen aus **Die Hochzeitsnacht** *von Johann Wolfgang von Goethe*

1. Nachts durch die stille Runde
Rauschte des Rheines Lauf,
Ein Schifflein zog im Grunde,
Ein Ritter stand darauf.

2. Die Blicke irre schweifen
Von seines Schiffes Rand,
Ein blutigroter Streifen
Sich um das Haupt ihm wand.

3. Der sprach: »Da oben stehet
Ein Schlößlein überm Rhein,
Die an dem Fenster stehet:
Das ist die Liebste mein.

4. Sie hat mir Treu versprochen,
Bis ich gekommen sei,
Sie hat die Treu gebrochen,
Und alles ist vorbei.«

Landeskunde

Eine **Ballade** ist ein episch-dramatisches, meist gereimtes Strophengedicht über ein schicksalvolles, konflikthaftes Geschehen. Je nachdem welches Thema behandelt wird, spricht man von Helden-, Götter-, Natur-, Ritter- und Legendenballaden, sowie historischen Balladen. 1797, im sogenannten Balladenjahr, entwickelten Goethe und Schiller den klassischen Typus der Ideenballade.

Goethe-Schiller Denkmal in Weimar

Der Fischer

Beim Lesen

An welchem Ort kannst
du ungestört deinen
Gedanken nachgehen?

A. Wer saß am Wasser,
was machte er und
was passierte?

B. Was will sie wissen?

C. Wie beschreibt sie den
Ort, wo die Fische
leben?

D. Wohin lockt sie den
jungen Fischer?

E. Was fühlt der Fischer?

F. Was geschieht mit
ihm am Ende?

Das Wasser rauscht'[1], das Wasser schwoll[2],
Ein Fischer saß daran,
Sah nach dem Angel ruhevoll,
Kühl bis ans Herz hinan.
Und wie er sitzt und wie er lauscht,
Teilt sich die Flut empor[3]:
Aus dem bewegten Wasser rauscht
Ein feuchtes Weib[4] hervor.

Sie sang zu ihm, sie sprach zu ihm:
„Was lockst du meine Brut[5]
Mit Menschenwitz und Menschenlist[6]
Hinauf in Todesglut[7]?
Ach wüsstest du, wie 's Fischlein ist
So wohlig[8] auf dem Grund,
Du stiegst hinunter, wie du bist,
Und würdest erst gesund.

Labt sich[9] die liebe Sonne nicht,
Der Mond sich nicht im Meer?
Kehrt wellenatmend ihr Gesicht[10]
Nicht doppelt schöner her?
Lockt dich der tiefe Himmel nicht,
Das feuchtverklärte[11] Blau?
Lockt dich dein eigen Angesicht
Nicht her in ew' gen Tau[12]?"

Das Wasser rauscht', das Wasser schwoll,
Netzt' ihm den nackten Fuß;
Sein Herz wuchs ihm so sehnsuchtsvoll[13]
Wie bei der Liebsten Gruß.
Sie sprach zu ihm, sie sang zu ihm;
Da wars um ihn geschehn[14]:
Halb zog sie ihn, halb sank er hin,
und ward nicht mehr gesehn.

Johann Wolfgang von Goethe
(1749-1832)

. . . .

1 roared   **2** swelled   **3** the waves split   **4** a watery woman   **5** why do you lure my
fish offspring   **6** with your human wit and cunning   **7** up here to this deadly glow
8 pleasant   **9** refresh itself   **10** do they not turn their faces, breathing the waves
11 moist-transfigured   **12** everlasting dew   **13** filled with longing   **14** then he was
doomed

Nach dem Lesen
Übungen

1 Was passt?

Such die Teile Zeilen auf der rechten Seite, die in die Strophe auf der
linken Seite passen. Pass dabei genau auf den Reim auf.

Das Wasser rauscht', das Wasser schwoll,
Ein Fischer saß daran,
　　1. _____　　　**2.** _____　　　　**a.** Aus dem bewegten Wasser rauscht
Und wie er sitzt und wie er lauscht,　　　**b.** Ein feuchtes Weib hervor.
Teilt sich die Flut empor:　　　　　　　**c.** Kühl bis ans Herz hinan.
　　3. _____　　　**4.** _____　　　　**d.** Sah nach dem Angel ruhevoll,

Sie sang zu ihm, sie sprach zu ihm:
„Was lockst du meine Brut
Mit Menschenwitz und Menschenlist
　　5. _____　　　　　　　　　　　**e.** Du stiegst hinunter, wie du bist,
Ach wüsstest du, wie 's Fischlein ist　　**f.** Hinauf in Todesglut?
So wohlig auf dem Grund,　　　　　　　**g.** Und würdest erst gesund.
　　6. _____　　　**7.** _____

Labt sich die liebe Sonne nicht,
Der Mond sich nicht im Meer?
　　8. _____　　　**9.** _____　　　　**h.** Kehrt wellenatmend ihr Gesicht
Lockt dich der tiefe Himmel nicht,　　　**i.** Lockt dich dein eigen Angesicht
Das feuchtverklärte Blau?　　　　　　　**j.** Nicht doppelt schöner her?
10. _____　　　**11.** _____　　　　　**k.** Nicht her in ew'gen Tau?"

Das Wasser rauscht', das Wasser schwoll,
Netzt' ihm den nackten Fuß;
12. _____　　　**13.** _____　　　　　**l.** Halb zog sie ihn, halb sank er hin,
Sie sprach zu ihm, sie sang zu ihm;　　**m.** Sein Herz wuchs ihm so sehnsuchtsvoll
Da wars um ihn geschehn:　　　　　　　**n.** und ward nicht mehr gesehn.
14. _____　　　**15.** _____　　　　　**o.** Wie bei der Liebsten Gruß.

2 Beantwortet die Fragen

1. Was ist das Hauptthema dieser Ballade? Ist es Eifersucht? Liebe?
   Verlangen? Tod?

2. Welches für eine Ballade typisches Ende hat Goethe gewählt?

Der Handschuh*

Beim Lesen

Hast du schon mal wilde Tiere in einem Käfig beobachten können? Wie verhalten sich die Tiere?

A. Beschreibe die Szene vor dem Kampfspiel.

B. Wer kommt in die Arena und was tut er?

C. Wer kommt dann in die Arena und was tut er?

Vor seinem Löwengarten[1],
Das Kampfspiel zu erwarten,
Saß König Franz,
Und um ihn die Großen der Krone[2],
Und rings auf hohem Balkone
Die Damen im schönen Kranz[3].

Und wie er winkt mit dem Finger,
Auftut sich der weite Zwinger[4],
Und hinein mit bedächtigem Schritt
Ein Löwe tritt,
Und sieht sich stumm
Rings um,
Mit langem Gähnen[5],
Und schüttelt die Mähnen,
Und streckt die Glieder,
Und legt sich nieder.

Und der König winkt wieder,
Da öffnet sich behend
Ein zweites Tor,
Daraus rennt
Mit wildem Sprunge
Ein Tiger hervor,
Wie der den Löwen erschaut,
Brüllt[6] er laut,
Schlägt mit dem Schweif[7]
Einen furchtbaren Reif[8],
Und recket die Zunge,
Und im Kreise scheu
Umgeht er den Leu[9]
Grimmig schnurrend,
Darauf streckt er sich murrend
Zur Seite nieder.

* Der Handschuh war im Mittelalter ein Symbol der Macht, der Gewalt und des Schutzes.

. . . .

1 lion-court **2** peers of the realm **3** in beautiful array **4** cage **5** yawn **6** roars
7 beats with his tail **8** a terrible circle **9** lion *(poetic)*

Und der König winkt wieder,
Da speit[1] das doppelt geöffnete Haus
Zwei Leoparden auf einmal aus,
Die stürzen mit mutiger Kampfbegier[2]
Auf das Tigertier,
Das packt sie mit seinen grimmigen Tatzen,
Und der Leu mit Gebrüll
Richtet sich auf, da wird 's still,
Und herum im Kreis,
Von Mordsucht heiß[3],
Lagern sich die greulichen Katzen.

Da fällt von des Altans Rand[4]
Ein Handschuh von schöner Hand
Zwischen den Tiger und den Leun
Mitten hinein.

Und zu Ritter[5] Delorges spottenderweis'[6]
Wendet sich Fräulein Kunigund:
„Herr Ritter, ist Eure Lieb so heiß
Wie Ihr mirs schwört zu jeder Stund,
Ei so hebt mir den Handschuh auf[7]."

Und der Ritter in schnellem Lauf
Steigt hinab in den furchtbar'n Zwinger
Mit festem Schritte,
Und aus der Ungeheuer Mitte
Nimmt er den Handschuh mit keckem[8] Finger.

Und mit Erstaunen und mit Grauen
Sehen 's die Ritter und Edelfrauen,
Und gelassen[9] bringt er den Handschuh zurück,
Da schallt ihm sein Lob[10] aus jedem Munde,
Aber mit zärtlichem Liebesblick –
Er verheißt[11] ihm sein nahes Glück –
Empfängt ihn Fräulein Kunigunde.
Und er wirft ihr den Handschuh ins Gesicht:
„Den Dank, Dame, begehr[12] ich nicht",
Und verlässt sie zur selben Stunde.

Friedrich Schiller

Beim Lesen

D. Und wer kommt danach und was tun sie?

E. Was fällt mitten zwischen die Tiere?

F. Wen spricht Kunigund an, und worum bittet sie ihn?

G. Wie zeigt der Ritter seinen Mut?

H. Was macht der Ritter mit dem Handschuh, und was sagt und tut er?

Was weißt du über
Belsatzar und die biblische
Stadt Babel?

Belſatzar

Die Mitternacht zog näher schon[1];
In stummer Ruh lag Babylon.

Nur oben in des Königs Schloss,
Da flackert 's, da lärmt des Königs Tross[2].

A. Was ist im
Königssaal los?

Dort oben in dem Königssaal
Belsatzar hielt sein Königsmahl[3].

Die Knechte saßen in schimmernden Reihn
Und leerten die Becher mit funkelndem Wein.

Es klirrten die Becher, es jauchzten[4] die Knecht;
So klang es dem störrigen[5] Könige recht.

B. Wodurch wird
Belsatzar mutig
und was macht er?

Des Königs Wangen leuchten Glut[6];
Im Wein erwuchs ihm kecker Mut[7].

Und blindlings reißt der Mut ihn fort;
Und er lästert die Gottheit mit sündigem Wort.

Und er brüstet[8] sich frech, und er lästert wild;
Die Knechtenschar ihm Beifall brüllt[9].

....

1 drew nearer   **2** the king's retinue makes noise   **3** royal banquet
4 cheered   **5** headstrong   **6** glowed   **7** grew bolder   **8** boasts   **9** roars

Der König rief mit stolzem Blick;
Der Diener eilt und kehrt zurück.

Er trug viel gülden Gerät auf dem Haupt[1];
Das war aus dem Tempel Jehovas geraubt[2].

Und der König ergriff mit frevler[3] Hand
Einen heiligen Becher, gefüllt bis am Rand.

Und er leert ihn hastig bis auf den Grund
Und rufet laut mit schäumendem[4] Mund:

Jehovah! dir künd ich auf ewig Hohn[5] –
Ich bin der König von Babylon!

Doch kaum das grause Wort verklang,
Dem König ward 's heimlich im Busen bang[6].

Das gellende Lachen verstummte zumal[7];
Es wurde leichenstill im Saal.

Und sieh! und sieh! an weißer Wand
Da kam 's hervor wie Menschenhand

Und schrieb, und schrieb an weißer Wand
Buchstaben von Feuer, und schrieb und schwand[8].

Der König stieren Blicks da saß[9],
Mit schlotternden Knien und totenblass.

Die Knechtenschar saß kalt durchgraut[10],
Und saß gar still, gab keinen Laut.

Die Magier kamen, doch keiner verstand
Zu deuten die Flammenschrift an der Wand.

Belsatzar* ward aber in selbiger Nacht
Von seinen Knechten umgebracht.

Heinrich Heine

* Belsatzar, 529 v. Chr. gestorben, war der Sohn des letzten Königs von Babylon. Er schaffte sich sein Paradies in Babel, feierte große Feste mit Knechten und Frauen. Sein Reich wurde von den Persern besiegt. – Die Ballade Belsatzar wurde von Robert Schuhmann vertont.

- -

1 on his head many golden treasures **2** plundered **3** criminal **4** foaming
5 I proclaim to you my eternal scorn **6** grew fearful in his heart **7** fell silent at once
8 disappeared **9** sat staring there **6** filled with horror **7** to find the meaning
8 murdered

Beim Lesen

C. Was brachte ein Diener, und was tat Belsatzar?

D. Wen ruft Belsatzar an und was verkündet er?

E. Wie änderte sich die Stimmung im Saal?

F. Was passierte an der Wand?

G. Ist Belsatzar noch immer so keck und mutig?

H. Wie verhalten sich die Knechte?

I. Warum kamen die Magier, und was gelang ihnen nicht?

J. Was passierte mit Belsatzar?

Nach dem Lesen
Übungen

 Welches Wort passt in welche Lücke?

Ergänze den Text mit einem passenden Wort aus dem Kasten.

Balkone	Finger	Franz	Glieder	Löwe	Löwengarten
Mähnen	nieder	Kampfspiel	Kranz	Krone	Zwinger

König ___1___ saß vor seinem ___2___, das ___3___ zu erwarten. Und um ihn saßen die Großen der ___4___, und rings auf hohem ___5___ die Damen in schönem ___6___. Und er winkt mit dem ___7___ und auftut sich der weite ___8___, und hinein mit bedächtigem Schritt ein ___9___ tritt. Mit langem Gähnen schüttelt er die ___10___ und streckt die ___11___ und legt sich ___12___.

 Welches Reimwort gehört ans Ende?

Ergänze die Textlücken mit einem passenden Reimwort.

Wie der Löwe den Tiger erschaut	Und im Kreise scheu
Brüllt er ___1___	Umgeht er den ___3___
Schlägt mit dem Schweif	Grimmig schnurrend,
Einen furchtbaren ___2___,	Darauf steckt er sich ___4___
Und reckt die Zunge,	Zur Seite nieder.

laut

Reif

Leu

murrend

 Zum Überlegen

Beantworte die folgenden Fragen.

1. Warum soll Ritter Delorges den Handschuh aus dem Zwinger holen?
2. Wie beweist der Ritter seinen Mut?
3. Was erwartet Kunigund wohl?
3. Wie reagiert der Ritter am Ende? Warum?

4 Zum Diskutieren

Setzt euch in Gruppen zusammen und diskutiert die folgenden Fragen.

1. Beschreibt den Charakter des Fräulein Kunigund und des Ritters Delorges.
2. Was haltet ihr von Fräulein Kunigundes Tat?
2. Wie hättet ihr euch als Ritter Delorges Fräulein Kunigund gegenüber verhalten?
3. Wer war schon einmal in einer ähnlichen Situation? Berichte davon. Wie hast du gehandelt? Wenn nicht, wie hättest du anstelle des Ritters gehandelt?

6 Lesen

Lies *Belsatzar* noch einmal laut für dich. Achte besonders auf den Rhythmus. Wie verstärkt der Rhythmus den Inhalt?

7 Welche Reimwörter passen in die Lücken?

Such die Reimwörter aus dem Kasten, die in jede Lücke passen.

Babylon	bang	Haupt	Hohn	Knecht	Königsmahl	Laut
Mund	Mut	Rand	Saal	Schloss	schwand	totenblass
umgebracht	verstand	Wand	Wein	wild	Wort	zurück

Die Mitternacht zog näher schon; / In stummer Ruh lag ___1___.

Nur oben in des Königs ___2___, / Da flackert 's, da lärmt des Königs Tross.

Dort oben in dem Königssaal / Belsatzar hielt sein ___3___.

Die Knechte saßen in schimmernden Reihn / Und leerten die Becher mit funkelndem ___4___.

Es klirrten die Becher, es jauchzten die ___5___; / So klang es dem störrigen Könige recht.

Des Königs Wangen leuchten Glut; / Im Wein erwuchs ihm kecker ___6___.

Und blindlings reißt der Mut ihn fort; / Und er lästert die Gottheit mit sündigem ___7___.

Und er brüstet sich frech, und er lästert ___8___; / Die Knechtenschar ihm Beifall brüllt.

Der König rief mit stolzem Blick; / Der Diener eilt und kehrt ___9___.

Er trug viel gülden Gerät auf dem ___10___; / Das war aus dem Tempel Jehovas geraubt.

Und der König ergriff mit frevler Hand / Einen heiligen Becher, gefüllt bis am ___11___.

Und er leert ihn hastig bis auf den Grund / Und rufet laut mit schäumendem ___12___:

Jehovah! dir künd ich auf ewig ___13___ – / Ich bin der König von Babylon!

Doch kaum das grause Wort verklang, / Dem König ward 's heimlich im Busen ___14___.

Das gellende Lachen verstummte zumal; / Es wurde leichenstill im ___15___.

Und sieh! und sieh! an weißer ___16___ / kam 's hervor wie Menschenhand

Und schrieb, und schrieb an weißer Wand / Buchstaben von Feuer, und schrieb und ___17___.

Der König stieren Blicks da saß, / Mit schlotternden Knien und ___18___.

Die Knechtenschar saß kalt durchgraut, / Und saß gar still, gab keinen ___19___.

Die Magier kamen, doch keiner ___20___ / Zu deuten die Flammenschrift an der Wand.

Belsatzar ward aber in selbiger Nacht / Von seinen Knechten ___21___.

8 Zum Überlegen und Diskutieren

Was ist der Hauptgedanke dieses dramatischen Gedichts?

9 Zum Schreiben

Versuch einmal, ein kurzes Gedicht mit starkem Rhythmus zu schreiben.

Dies und das

1 Lies die ersten beiden Strophen von Schillers Ode „An die Freude", *"To Joy."*

An die Freude

Freude schöner Götterfunken[1],
Tochter aus Elysium,
Wir betreten feuertrunken[2],
Himmlische, dein Heiligtum[3]!
Deine Zauber binden wieder[4],
Was die Mode streng geteilt[5].
Alle Menschen werden Brüder,
Wo dein sanfter Flügel weilt[6].
Seid umschlungen, Millionen!
Diesen Kuss der ganzen Welt!
|: Brüder, überm Sternenzelt
Muss ein lieber Vater wohnen.:|

Wem der große Wurf gelungen[7],
Eines Freundes Freund zu sein,
Wer ein holdes Weib errungen[8],
Mische seinen Jubel ein!
Ja, wer auch nur eine Seele
Sein nennt auf dem Erdenrund!
Und wer's nie gekonnt, der stehle[9]
Weinend sich aus diesem Bund!
Was den großen Ring bewohnet,
Huldige[10] der Sympathie,
|: Zu den Sternen leitet sie,
Wo der Unbekannte thronet. :|

Die Schönheit und überwältigende Macht dieser Ode entfaltet sich im 4. Satz[11] der Neunten Symphonie von Ludwig van Beethoven (1770–1827). In Beethovens Skizzenheft aus dem Jahre 1798 findet man die Zeile „muss ein lieber Vater wohnen". Die Hauptarbeit an der 9. Symphonie fällt in die Jahre 1817–1823. Ursprünglich war ein rein instrumentales Finale beabsichtigt, aber 1823 arbeitete Beethoven am letzten Satz, und komponierte zuerst den chorischen Teil und die vorangehenden Orchestervariationen über das Freude-Thema. Von Schillers Ode wurden nur die erste und dritte Strophe vertont. Die Uraufführung[12] der 9. Symphonie in d-Moll fand am 7. Mai 1824 im Kärntner- Tor Theater in Wien

Ludwig van Beethoven

statt. Der zu dieser Zeit vollständig ertaubte[13] Beethoven konnte die freudige Reaktion des Publikums nicht hören. Sein getreuer Helfer Anton Schindler informierte Beethoven mittels Konversationsheft darüber.

. . . .
1 beautiful spark of divinity **2** fire-inspired **3** your sanctuary **4** your magic power reunite **5** that custom has divided **6** where your gentle wing lingers **7** whoever had the great success **8** obtained **9** creep away **10** pay homage to **11** movement **12** first performance **13** completely deaf

Kapitel

10 *Vor dem Lesen*
Die Fähre

Lesestrategie

Die Vor-dem-Lesen Strategien gebrauchen Bevor du mit dem Lesen dieses Textes beginnst, lies die Überschrift und überlege, was sie aussagen könnte und was vielleicht das Thema des Textes sein könnte. Untersuche danach die äußerlichen Eigenschaften des Textes: Format, Illustrationen, Bildunterschriften, Schriftart usw. In vielen Fällen wirst du grob vorraussagen können, um was es in dem Text geht.

Übungen

1. Lies zuerst die Überschrift des Textes und schreibe auf, was sie für dich bedeutet oder was du damit verbindest. Trage deine Gedanken in das Diagramm unten ein.

Fähre

2. Sieh dir jetzt die Illustrationen genau an, und mach ein zweites Diagramm mit Vorraussagen über diesen Text. Was könnte die Fähre in diesem Text bedeuten? Denk daran, dass deine Vorraussagen, auch wenn sie nicht zutreffen, dir beim Verständnis des Textes helfen werden.

Landeskunde

Ingeborg Bachmann wurde 1926 in Klagenfurt, Österreich geboren. Sie studierte Germanistik, Philosophie und Psychologie in Innsbruck, Graz und Wien. Die Schriftstellerin wurde 1953 auf einer Tagung der Gruppe 47 entdeckt. Für ihre Werke erhielt sie 1964 den Georg-Büchner-Preis und 1968 den Großen Österreichischen Staatspreis. Ingeborg Bachmann verstarb 1973 in Rom.

Ingeborg Bachmann

Die Fähre

Beim Lesen

Kennst du eine Stelle an einem Fluss, wo es eine Fähre gibt, die dich ans andere Ufer bringen kann?

A. Wie sieht die Gegend an dieser Stelle im Fluss aus?

B. Was hat Josip, der Fährmann, immer vor sich?

C. Wie gut sind Josips Augen? Was beobachtet er alles?

Im hohen Sommer ist der Fluss ein tausendstimmiger Gesang, der, vom Gefälle getragen, das Land ringsum mit Rauschen füllt. Nahe am Ufer aber ist es stiller, murmelnder und wie in sich selbst versunken. Er ist breit, und seine Kraft, die sich zwischen das Land legt, bedeutet Trennung[1]. Gegen Norden ist das Tal dunkel und dicht, nahe liegt Hügel an Hügel, aufwärtsgewölbt hängen Wälder nieder, und in der Ferne heben sich die steileren Höhen, die an hellen, freundlichen Tagen einen milden Bogen in das Land hinein bilden. Über dem Fluss liegt im ersten Dunkel der waldigen Enge[2] das Herrenhaus. Der Fährmann Josip Poje sieht es, wenn er Menschen und Last hinüberführt. Er hat es immer vor sich. Es ist von brennender weißer Farbe und scheint plötzlich vor seinen Augen auf.

Josips Augen sind jung und scharf. Er sieht es, wenn sich ferne im Gesträuch die Zweige biegen[3], er wittert die Gäste der Fähre, gleich, ob es die Korbflechterinnen[4] sind, die um Ruten[5] an das andere Ufer fahren, oder Handwerksleute. Manchmal kommt auch ein Fremder oder ganze Gesellschaften mit lachenden Männern und buntgekleideten, heiteren Frauen.

Der Nachmittag ist heiß. Josip ist ganz mit sich allein. Er steht auf der kleinen Brücke, die vom Ufer über die lange Strecke weichen Sandes führt. Die Anlegestelle[6] ist mitten in die Einsamkeit des

D. Wie sieht es an der Anlegestelle aus? Wie fühlt sich Josip?

Buschlandes gebaut, eine Fläche[7], die sich sandig und versteint bis zum allmählichen Übergang[8] in Wiese und Feld ausdehnt. Man kann das Ufer nicht überschauen, jeder Blick ertrinkt[9] im Gesträuch, und kleine, wenig verhärtete Wege sind dazwischen wie frische Narben[10].

. . . .
1 signifies separation **2** wooded narrows **3** the branches bend in the bushes
4 basket weavers **5** for reeds **6** pier **7** area **8** a gradual transition **9** drowns
10 scars

Allein das Wechselspiel[1] der Wolken an diesem unsteten Tag ist Veränderlichkeit. Sonst ist die Ruhe ermüdend, und die schweigende Hitze drückt allen Dingen ihr Mal auf[2].

Einmal wendet sich Josip. Er blickt zum Herrenhaus hinüber. Das Wasser liegt dazwischen, aber er sieht doch an einem der Fenster den „Herrn" stehen. Er, Josip, kann viele Stunden ruhig stehen oder liegen, er kann Tag für Tag das gleiche Wasser hören, aber der Herr im weißen Haus, das sie manchmal das „Schloss" nennen, muss Ruhelosigkeit in sich tragen[3]. Er steht bald an diesem, bald an jenem Fenster, manchmal kommt er den Wald herunter, dass Josip meint, er wolle den Fluss überqueren, aber dann verneint er, so gut dies über das Brausen geht. Er streift zwecklos[4] am Ufer entlang und kehrt wieder um. Josip sieht das oft. Der Herr ist sehr mächtig, er verbreitet Scheu und Ratlosigkeit um sich, aber er ist gut. Alle sagen es.

Beim Lesen

E. Was und wen sieht Josip über dem Fluss?

F. Was für ein Mann ist der Herr? Was tut er oft?

G. Glaubst du, dass Josip den Herrn mag? Begründe deine Antwort.

Josip mag nicht mehr daran denken. Er sieht forschend[5] nach den Wegen. Es kommt niemand. Er lacht. Er hat jetzt seine kleinen Freuden. Er ist schon ein Mann, aber es macht ihm noch immer Vergnügen, die platten[6] Steine aus dem Sand zu suchen. Er geht bedächtig im feuchten, nachgebenden Sand. Er wiegt den Stein prüfend in den Händen; dann schwingt er, sich beugend[7], den Arm, und in schwirrendem Flug saust das übermütige Stück über die Wellen, springt auf[8] und weiter und springt wieder auf. Dreimal. Wenn er es öfter macht, springen die Steine aber achtmal auf. Sie dürfen nur nicht plump sein.

H. Was macht Josip gern am Ufer?

. . . .

1 steady change **2** puts a mark on everything **3** bear restlessness **4** without purpose **5** inquiringly **6** flat **7** bending down **8** skips

I. An wen denkt Josip? Was wird sie bringen und wohin wird sie gehen?

J. Was versteht Josip nicht?

Stunde auf Stunde stiehlt sich fort. Der Fährmann ist lange schon ein stummer, verschlossener[1] Träumer. Die Wolkenwand über den entfernten Bergen wird höher. Vielleicht geht der Schein der Sonne bald weg und schlingt goldene Säume[2] in die weißnebeligen Paläste. Vielleicht kommt dann auch Maria. Sie wird wieder spät kommen und Beeren im Korb tragen oder Honig und Brot für den Herrn. Er wird sie über den Fluss fahren müssen und ihr nachsehen, wenn sie gegen[3] das weiße Haus geht. Er versteht nicht, warum Maria dem Herrn alle Dinge in das Haus tragen muss. Er soll seine Leute schicken.

Die späten Nachmittage bringen Verwirrung[4]. Die Bedenken[5] verfliegen mit dem Ermüden. Die Gedanken sind auf heimlichen Wegen. Der Herr ist nicht mehr jung. Er wird kein Verlangen tragen, das so schmerzt wie das des jungen Josip Poje. Warum muss Maria an ihn denken, wo er nie nach ihr sieht, sondern an große Dinge denkt, die unverständlich und dunkel für sie sind! Sie kann viele Male zu ihm kommen, er wird sie nicht sehen, wenn sie kein Wort sagt. Er wird ihre Augen nicht verstehen und die Schweigende[6] fortschicken. Er wird nichts von ihrer Traurigkeit und ihrer Liebe wissen. Und der Sommer wird vergehen, und im Winter wird Maria mit ihm tanzen müssen.

K. Was fühlt Josip, wenn er Maria zum Herrn gehen sieht?

L. Glaubt Josip, dass sich der Herr für Maria interessiert?

Die kleinen Mücken und Fliegen, die nach Sonnenuntergang so lebendig werden, schwärmen schon. Sie suchen immer durch die Luft, fliegen geruhsame Kreise, bis sie mit einem Mal zusammenstoßen[7]. Dann lösen sie sich und schweben weiter, bis sich das wiederholt. Irgendwo singen noch Vögel, aber man hört sie kaum.

. . . .

1 reserved **2** seams **3** toward **4** confusion **5** doubts **6** the silent one **7** collide

Das Rauschen des Flusses ist Erwartung, die alles andere in sich erstickt. Es ist ein lautes Lärmen, das mit Bangen und Erregung[1] gefüllt ist. Kühle weht auf und ein trüber[2] Gedanke in ihr. Man müsste blind sein und sähe doch den weißen Fleck der Mauer vom andern Ufer durch den Wald scheinen.

Der Abend ist da. Josip denkt daran, nach Hause zu gehen, doch er wartet noch ab. Es ist schwer, einen Entschluss zu fassen[3]. Aber nun hört er, dass Maria kommt. Er sieht nicht hin, er will gar nicht hinsehen, aber die Schritte sagen genug. Ihr Gruß ist zag[4] und hilflos. Er blickt sie an.

„Es ist spät." Seine Stimme ist voll Vorwurf[5].

„Du fährst nicht mehr?"

„Ich weiß nicht," erwidert er. „Wo willst du noch hin?" Er ist von fremder Unerbittlichkeit beherrscht[6].

Beim Lesen

M. Was bedeutet der weiße Fleck der Mauer für Josip?

N. Warum geht Josip nicht nach Hause?

O. Warum fragt Josip, wohin Maria will?

Sie wagt nicht zu antworten. Sie ist stumm geworden. Sein Blick ist ein Urteil[7]. Er bemerkt, dass sie nichts bei sich trägt. Sie hat keinen Korb, keine Tasche, auch kein Tuch, das sich zum Bündel wölbt. Sie bringt nur sich.

Sie ist ein törichtes[8] Mädchen. Er ist voll Verwunderung und versteht sie nicht und verachtet[9] sie ein wenig. Aber die Wolken haben nun ihren glühenden Saum. Die Wellen im Strom sind bedächtiger und breiter als am Tage, die Strudel[10] inmitten dunkler und gefährlicher. Niemand wird wagen, jetzt mit einem Boot über das Wasser zu fahren. Nur die Fähre bietet Sicherheit.

P. Was bemerkt Josip noch?

Q. Was hält Josip von Maria?

. . . .

1 worry and excitement **2** sad **3** to make a decision **4** timid **5** full of reproach
6 controlled by a strange toughness **7** judgment **8** silly **9** despises **10** swirls

Beim Lesen

R. Wie fühlt sich Josip jetzt?

S. Was bietet Maria dem Josip an, damit er sie ans andere Ufer fährt?

T. Was ist seine Antwort?

Der Wind streicht über Josips Stirne, aber sie bleibt trotzdem heiß. Eine Regung, die ihn erzürnt[1], stürzt ihn in Verwirrung. Das Seil der Fähre stellt eine Verbindung her[2], löst die Grundlosigkeit[3] und weist gerade und unfehlbar an das andere Ufer, auf das weiße Herrenhaus.

„Ich fahre nicht", weist er Maria ab.

„Du willst nicht?" Ahnung[4] steigt in dem Mädchen auf. Es hebt einen kleinen Beutel und frohlockt[5]: „Ich werde dir doppelt so viel zahlen."

Er lacht erlöst. „Du wirst nicht genug Geld haben. Ich fahre nicht mehr."

Warum steht sie immer noch hier? Das Aufeinanderschlagen des Geldes verklingt. Zutraulichkeit[6] ist in ihrem Gesicht und Bitte. Er verstärkt seine Abweisung[7] und seinen Vorwurf.

„Der Herr wird dich nicht ansehen. Dein Kleid ist nicht fein, und deine Schuhe sind schwer. Er wird dich fortjagen. Er hat anderes zu denken. Ich weiß es, denn ich sehe ihn alle Tage." Er ängstigt das Mädchen. Nach einer voll Nachdenklichkeit[8] erfüllten Minute stehen Tränen in ihren Augen.

„Im Winter wird der Herr nicht mehr hier sein. Er wird dich schnell vergessen." Josip ist ein schlechter Tröster[9]. Er ist bekümmert. Er wird sie nun doch über den Strom bringen. Die Ratlosigkeit[10] in seinem Gesicht breitet sich mehr und mehr aus.

---

1 infuriates **2** is a connection **3** breaks the groundlessness **4** suspicion **5** rejoices
6 trust **7** refusal **8** pensiveness **9** consoler **10** helplessness

Er sieht zu Boden. Hier ist aber nichts als die Fülle des Sandes. Ein schöner Plan verschwimmt in der Öde starrender Unentschlossenheit[1].

Als Maria sich langsam wendet, um zu gehen, versteht er sie zum zweiten Mal an diesem Sommerabend nicht.

„Du gehst?" fragt er.

Sie bleibt nochmals stehen. Er freut sich nun. „Ich werde auch bald gehen."

„Ja?"

Er macht sich an der Fähre zu schaffen[2]. „Ich denke an den Winter. Wirst du mit mir tanzen?"

Sie blickt auf ihre Schuhspitzen. „Vielleicht . . . Ich will jetzt heimgehen."

Ein wenig später ist sie fort. Der Fährmann Josip Poje denkt, dass sie vielleicht trotzdem traurig ist. Aber es wird einen lustigen Winter geben. Josip sucht einen Stein und schleudert ihn über das Wasser. Der Fluss ist merkwürdig trüb[3], und in der Mattheit des Abends hat keine Welle den schäumenden Silberkranz. Es ist nicht mehr als ein graues Wogen, das sich mit breiter Kraft zwischen das Land drängt und Trennung bedeutet.

Ingeborg Bachmann

Beim Lesen

w. Warum ist Josip überrascht?

x. Woran denkt Josip?

y. Wie antwortet Maria und was fühlt sie wohl?

z. Wie wird der Fluss jetzt beschrieben, und was sagt das über Josips Gefühle aus?

1 come from   **2** empty

Nach dem Lesen
Übungen

1 ## Welches Wort passt ans Ende?

Die drei Hauptgestalten und die Szenerie.

1. Josip ist der _____.
2. Mit der Fähre bringt er Leute über den _____.
3. Die Anlegestelle ist in der _____.
4. Über dem Fluss auf der anderen Seite liegt das _____.
5. Die Leute nennen es das _____.
6. In diesem weißen Haus wohnt der _____.
7. Der Herr wartet auf _____.
8. Sie bringt ihm Beeren, Honig und Brot im _____.
9. Josip bringt sie mit der Fähre ans andere _____.
10. Warum schickt der Herr nicht seine eigenen _____?

a. Einsamkeit
b. Fährmann
c. Fluss
d. Herr
e. Herrenhaus
f. Korb
g. Leute
h. Maria
i. Schloss
j. Ufer

2 ## Welches Wort passt in welche Lücke?

Ergänze den Text mit einem passenden Wort aus dem Kasten.

| Augen | Fähre | Fremder | heiteren | Korbflechterinnen |
| Männern | | sieht | Ufer | Zweige |

Josips __1__ sind jung und scharf. Er __2__ es, wenn sich ferne im Gebüsch die __3__ biegen, er wittert die Gäste der __4__ , gleich, ob es die __5__ sind, die um Ruten ans andere __6__ fahren, oder Handwerksleute. Manchmal kommt auch ein __7__ oder ganze Gesellschaften mit lachenden __8__ und buntgekleideten, __9__ Frauen.

| Fenster | Herrenhaus | jenem | steht | streift |
| überqueren | Ufer | verneint | Wald | |

Josip blickt zum __10__ hinüber. Das Wasser liegt dazwischen, aber doch sieht er an einem der __11__ den „Herrn" stehen. Er __12__ an diesem, bald an __13__ Fenster, manchmal kommt er den __14__ herunter, dass Josip meint, er wolle den Fluss __15__ , aber dann __16__ er, so gut dies über das Brausen geht. Er __17__ zwecklos am __18__ entlang und kehrt wieder um.

3 Was passt zusammen?

1. Josip denkt daran, _____.
2. Aber nun hört er, _____.
3. Er sieht nicht hin, _____.
4. Er blickt sie an. Ihr Gruß ist _____.
5. „Es ist spät." Seine Stimme _____.
6. „Wo willst du noch hin?" Sie _____.
7. Josip bemerkt, _____.
8. „Ich fahre nicht", _____.
9. „Du willst nicht?" Ahnung _____.
10. Es hebt einen kleinen Beutel _____.
11. „Ich werde dir _____."
12. Er lacht. „Du wirst _____."

a. aber ihre Schritte sagen genug
b. dass sie nichts bei sich trägt
c. dass Maria kommt
d. doppelt so viel zahlen
e. ist voll Vorwurf
f. nach Hause zu gehen
g. nicht genug Geld haben
h. steigt in dem Mädchen auf
i. und frohlockt
j. wagt nicht zu antworten
k. weist er Maria ab.
l. zag und hilflos

4 Zum Überlegen und Diskutieren

Setzt euch in kleinen Gruppen zusammen. Jeder von euch überlegt sich zuerst eine Antwort zu den folgenden Fragen. Ihr könnt euch Notizen machen. Diskutiert danach eure Antworten.

1. Warum ist die Beschreibung der Natur in dieser Geschichte so wichtig? Erkläre einige der Sprachsymbole.

2. Josips Augen sind jung und scharf. Was drückt die Autorin mit diesem Satz aus?

3. Warum weigert sich Josip, die junge Maria ans andere Ufer zu fahren? Welche Ausreden gebraucht er?

4. Was für ein Mann ist Josip? Wie würdest du handeln?

5. Wie würdest du Maria charakterisieren?

. . . .

1 come from **2** empty

Dies und das

1 Lies das Gedicht „Heimliche Liebe".

Heimliche Liebe

Herr Damon und Frau Galathee,
Die saßen auf dem Kanapee.
Was machen auf dem Kanapee
Herr Damon und Frau Galathee?

Er seufzt[1], Sie auch, in herbem Leid!
Im tiefen Schmerz[2], sie seufzen Beid'!
Sie fühlten nie noch solches Weh,
Wie jetzo auf dem Kanapee!

So seufzten auf dem Kanapee
Herr Damon und Frau Galathee,
Wie sie noch nie geseufzet je
Mitsammen auf dem Kanapee!

Sie liebt mich nicht! denkt Er bei sich –
und Sie: Er hasst mich sicherlich!
Drob seufzten auf dem Kanapee
Herr Damon und Frau Galathee!

Sie denkt: sein Herz ist kalt, wie Schnee –
Und Er: ein Stein ist Galathee!
Und beide denken: Ich vergeh'[3]
Vor Schmerz noch auf dem Kanapee!

So saßen auf dem Kanapee
Und aßen Butterbrod zum Thee,
Und starben dann vor Liebesweh[4],
Herr Damon und Frau Galathee!

(aus: Fliegende Blätter)

---

1 sighs **2** bitter sorrow **3** I'll fade away **4** of lovesickness

11

Vor dem Lesen
Geschichten von Bert Brecht

Lesestrategie

Sprachsymbole interpretieren Autoren verwenden oft Tiere als Symbole, um dem Leser allgemeinere, umfassendere, oft abstrakte Situationen oder Zustände klar zu machen. Ausdrücke aus dem Tierreich können als Symbole für Konzepte, wie z.B. Gut und Böse, Machtverhältnisse oder politische Situationen stehen. Wenn Tieren menschliche Eigenschaften zugeschrieben werden, sollte man überlegen, ob symbolisch vielleicht Menschen gemeint sind.

Übung

Lies die Überschrift und überlege dir, was der Gebrauch des Wortes „Haifische" für den Text bedeuten könnte. Die folgenden Fragen können dir dabei helfen.
1. Welche Eigenschaften werden Haifischen zugeschrieben?
2. Welchen anderen Tieren werden ähnliche Eigenschaften zugeschrieben?
3. Kennst du Geschichten oder Märchen, in denen Tieren menschliche Rollen gegeben werden? Nenne Beispiele.
4. Welche Tiere sind meist überlegen, welche unterlegen?

Landeskunde

Der Dramatiker, Regisseur, Lyriker und Essayist Bertolt Brecht wurde 1898 in Augsburg geboren. 1924 zog er nach Berlin und hielt dort enge Beziehungen zur literarische Szene und zum Theater. 1928 wird seine „Dreigroschenoper" zum größten Erfolg der Weimarer Republik. Während der Nazizeit flieht Brecht aus Deutschland und emigriert nach Aufenthalten in Prag, Wien, Zürich, Dänemark und Schweden 1941 in die USA. 1949 übersiedelte er nach Ostberlin, nachdem ihm in den USA politisch linksgerichtete Ansichten nachgesagt wurden. Er starb 1956 in Berlin. Brecht, der Weltruhm erlangte, hatte in seinen Werken immer die Absicht, mit literarischen Mitteln in Politik und Gesellschaft einzugreifen. Das ist wichtig für das Verständnis der folgenden Brecht-Texte.

Bertolt Brecht

Wenn die Haifische¹ Menschen wären

Beim Lesen

Was ist das englische Wort für Haifisch? An wie viele verschiedene „Haifische" kannst du in deinem Leben denken? Was für Menschen sind das?

A. Wenn die Haifische Menschen wäre, was würden sie alles für die kleinen Fische tun?

B. Warum würden sie das tun?

„Wenn die Haifische Menschen wären", fragte Herrn K. die kleine Tochter seiner Wirtin², „wären sie dann netter zu den kleinen Fischen?"

„Sicher", sagte er. „Wenn die Haifische Menschen wären, würden sie im Meer für die kleinen Fische gewaltige Kästen³ bauen lassen, mit allerhand Nahrung drin, sowohl Pflanzen als auch Tierzeug. Sie würden sorgen, dass die Kästen immer frisches Wasser hätten, und sie würden überhaupt allerhand sanitäre Maßnahmen⁴ treffen. Wenn zum Beispiel ein Fischlein sich die Flosse⁵ verletzen würde, dann würde ihm sogleich ein Verband gemacht, damit es den Haifischen nicht wegstürbe⁶ vor der Zeit.

Damit die Fischlein nicht trübsinnig⁷ würden, gäbe es ab und zu große Wasserfeste; denn lustige Fischlein schmecken besser als trübsinnige.

C. Was würden die Fischlein in den Schulen tun?

Es gäbe natürlich auch Schulen in den großen Kästen. In diesen Schulen würden die Fischlein lernen, wie man in den Rachen⁸ der Haifische schwimmt. Sie würden zum Beispiel Geographie brauchen, damit sie die großen Haifische, die faul irgendwo liegen, finden könnten. Die Hauptsache wäre natürlich die moralische Ausbildung der Fischlein. Sie würden unterrichtet werden, dass es

D. Was wäre das Größte und Schönste?

das Größte und Schönste sei, wenn ein Fischlein sich freudig aufopfert⁹, und dass sie alle an die Haifische glauben müssten, vor allem, wenn sie sagten, sie würden für eine schöne Zukunft sorgen. Man würde den Fischlein beibringen¹⁰, dass diese Zukunft nur

E. Was müssten sie lernen, damit die Zukunft gesichert ist?

gesichert sei, wenn sie Gehorsam¹¹ lernten. Vor allen neidigen,

---

1 sharks **2** landlady **3** cages **4** measures **5** fin **6** wouldn't die **7** melancholy ones **8** jaws **9** sacrifices itself **10** teach **11** obedience

materialistischen, egoistischen und marxistischen Neigungen[1], müssten sich die Fischlein hüten[2] und es sofort den Haifischen melden, wenn eines von ihnen solche Neigungen verriete[3].

Wenn die Haifische Menschen wären, würden sie natürlich auch untereinander Kriege führen, um fremde Fischkästen und fremde Fischlein zu erobern[4]. Die Kriege würden sie von ihren eigenen Fischlein führen lassen. Sie würden die Fischlein lehren, dass zwischen ihnen und den Fischlein der anderen Haifische ein riesiger Unterschied bestehe. Die Fischlein, würden sie verkünden[5], sind bekanntlich stumm, aber sie schweigen in ganz verschiedenen Sprachen und können einander daher unmöglich verstehen. Jedem Fischlein, das im Krieg ein paar andere Fischlein, feindliche, in einer anderen Sprache schweigende Fischlein tötete[6], würden sie einen kleinen Orden[7] aus Seetang anheften[8] und den Titel Held verleihen[9].

Wenn die Haifische Menschen wären, gäbe es bei ihnen natürlich auch eine Kunst. Es gäbe schöne Bilder, auf denen die Zähne der Haifische in prächtigen Farben, ihre Rachen als reine Lustgärten, in denen es sich prächtig tummeln lässt[10], dargestellt wären. Die Theater auf dem Meeresgrund würden zeigen, wie heldenmütige[11] Fischlein begeistert in die Haifischrachen schwimmen, und die Musik wäre so schön, dass die Fischlein unter ihren Klängen, die Kapelle voran, träumerisch und in angenehmste Gedanken eingelullt, in die Haifischrachen strömten.

Auch eine Religion gäbe es da, wenn die Haifische Menschen wären. Sie würde lehren, dass die Fischlein erst im Bauch der Haifische richtig zu leben begännen.

Übrigens würde es auch aufhören, wenn die Haifische Menschen wären, dass alle Fischlein, wie es jetzt ist, gleich sind. Einige von ihnen würden Ämter[12] bekommen und über die anderen gesetzt werden. Die ein wenig größeren dürften sogar die kleineren auffressen. Das wäre für die Haifische nur angenehm, da sie dann selber öfter größere Brocken zu fressen bekämen. Und die größeren, Posten habenden Fischlein würden für die Ordnung unter den Fischlein sorgen, Lehrer, Offiziere, Ingenieure im Kastenbau usw. werden.

Kurz, es gäbe überhaupt erst eine Kultur im Meer, wenn die Haifische Menschen wären."

Bertolt Brecht

---

1 inclinations   **2** guard against   **3** revealed   **4** to conquer   **5** announce   **6** killed
7 medal   **8** pin   **9** bestow   **10** in which you can frolick   **11** courageous
12 official duties

Beim Lesen

F. Wovor müssten sich die kleinen Fischlein hüten?

G. Was würden die Haifische auch tun, wenn sie Menschen wären?

H. Wen würden sie die Kriege führen lassen?

I. Was würden die Fischlein bekommen, die andere Fischlein getötet haben?

J. Was würden die Haifische für Kunst, Theater und Musik tun, wenn sie Menschen wären?

K. Was würden die kleinen Fischlein in Religion erfahren?

L. Würden alle Fischlein gleich sein?

M. Was würde mit den größeren und den größten Fischen passieren?

N. Wann gäbe es erst eine Kultur im Meer?

Die Moritat von Mackie Messer

Und der Haifisch, der hat Zähne
Und die trägt er im Gesicht
Und Macheath** der hat ein Messer
Doch das Messer sieht man nicht.

Ach, es sind des Haifischs Flossen
Rot, wenn dieser Blut vergießt!
Mackie Messer trägt 'nen
    Handschuh
Drauf man keine Untat[1] liest.

An der Themse grünem Wasser
Fallen plötzlich Leute um!
Es ist weder Pest noch Cholera
Doch es heißt: Macheath geht um.

An 'nem schönen blauen Sonntag
Liegt ein toter Mann am Strand
Und ein Mensch geht um die Ecke
Den man Mackie Messer nennt.

Und Schmul Meier bleibt
    verschwunden
Und so mancher reiche Mann
Und sein Geld hat Mackie Messer
Dem man nichts beweisen[2] kann.

Jenny Fowler ward gefunden
Mit 'nem Messer in der Brust
Und am Kai geht Mackie Messer
Doch von allem nichts gewusst.

Wo ist Alfons Glite, der Fuhrherr[3]?
Kommt das je ans Sonnenlicht?
Wer es immer wissen könnte –
Mackie Messer weiß es nicht.

Und das große Feuer in Soho***
Sieben Kinder und ein Greis –
In der Menge Mackie Messer, den
Man nichts fragt und der nichts
    weiß.

Und die minderjährige Witwe[4]
Deren Namen jeder weiß
Wachte auf und ward geschändet[5] –
Mackie, welches war dein Preis?

Und die Fische, sie verschwinden
Doch zum Kummer des Gerichts[6]:
Man zitiert am End den Haifisch
Doch der Haifisch weiß von nichts.

Und er kann sich nicht erinnern
Und man kann nicht an ihn ran[7]:
Denn ein Haifisch ist kein Haifisch,
Wenn man 's nicht beweisen kann.

Denn die einen sind im Dunkeln
Und die andern sind im Licht.
Und man siehet die im Lichte
Die im Dunkeln sieht man nicht.

Bertolt Brecht

---

* Eine Moritat ist eine volkstümliche Ballade, die gewöhnlich eine Untat oder ein Unglück schildert. Moritaten wurden früher von Bänkelsängern (fahrenden Sängern) vorgetragen.
** Macheath ist der Banditenheld der Brecht-Weill „Dreigroschenoper".
*** Schauplatz der „Dreigroschenoper" ist Soho, ein Stadtteil Londons.

1 crime 2 prove 3 coachman 4 underage widow 5 disgraced 6 to the worry of the court 7 you can't reach him

Aus dem „Haifisch-Song" im Dreigroschenfilm

Und so kommt zum guten Ende
Alles unter einen Hut
Ist das nötige Geld vorhanden
Ist das Ende meistens gut.

Dass er nun im Trüben fische
Hat den Hinz und Kunz* bedroht
Doch zum Schluss vereint am Tische
Essen sie des Armen Brot.

Denn die einen sind im Dunkeln
Und die andern sind im Licht
Und man siehet die im Lichte
Die im Dunkeln sieht man nicht.

Bertolt Brecht

Die Premiere der „Dreigroschenoper"
fand am 31. August 1928 im Theater
am Schiffbauerdamm in Berlin statt.
Den berühmten „Haifisch-Song"
schrieb Brecht zusammen mit dem
Komponisten Kurt Weill (1900–1950),
der mit Lotte Lenya verheiratet war.
Lotte Lenya (1900–1981) wurde in der
Rolle als Jenny weltberühmt. Noch
heute ist die „Dreigroschenoper"
ein beliebtes Stück in Deutschland.
1930 entstand das Drehbuch zum
„Dreigroschenfilm", der ebenfalls
ein großer Erfolg wurde.

* Hinz und Kunz = jedermann

Nach dem Lesen
Übungen

1 Welches Verb passt in welche Lücke?

aufzuopfern	bauen	beibringen
brauchen	finden	geben
gemacht	lernen	lernten
schmecken	schwimmt	sorgen
treffen	unterrichtet	verletzt

Wenn Haifische Menschen wären, was würden sie dann für die kleinen Fische tun?

Unterkunft und Feste

1. Sie würden gewaltige Kästen ___1___ lassen,

2. sie würden für frisches Wasser ___2___,

3. sie würden sanitäre Maßnahmen ___3___; zum Beispiel, wenn sich ein Fischlein die Flosse ___4___ würde, würde ihm sofort ein Verband ___5___.

4. Sie würden große Wasserfeste ___6___; warum? Lustige Fischlein ___7___ besser als trübsinnige!

Schule

5. In der Schule würden die Fischlein ___8___, wie man in den Rachen der Haifische ___9___.

6. Die Fischlein würden *Geographie* ___10___, um die großen Fische zu ___11___.

7. Ihre *moralische Ausbildung* ist wichtig. Die Fischlein würden ___12___ werden, dass es das Größte und Schönste sei, sich freudig ___13___.

8. Man würde den Fischlein ___14___, dass ihre Zukunft nur gesichert sei, wenn sie GEHORSAM ___15___.

Persönliche Freiheit

9. Vor allen niedrigen, materialistischen, marxistischen Neigungen müssten sich die Fischlein ___16___.

10. Sie müssten es sofort den Haifischen ___17___, wenn einer von ihnen solche Neigungen verriet.

anheften	bestehe	erobern
führen	hüten	lassen
melden	verkünden	verleihen

Krieg

11. Wenn Haifische Menschen wären, würden sie natürlich untereinander Kriege ___18___ und würden fremde Fischkästen und Fischlein ___19___.

12. Aber Kriege würden sie nur mit ihren eigenen Fischlein führen ___20___.

13. Sie würden die Fischlein lehren, dass zwischen ihnen und den Fischlein der anderen Haifische ein riesiger UNTERSCHIED ___21___.

14. Die Fischlein, würden sie ___22___, sind bekanntlich STUMM.

15. Jedem Fischlein, das im Krieg ein paar andere Fischlein tötete, würden sie einen kleinen ORDEN aus Seetang ___23___ und den Titel HELD ___24___.

auffressen	aufhören	bekommen	gesetzt	leben
schwimmen	sorgen	strömten	tummeln	werden

Kunst

16. Es gäbe schöne *Bilder,* auf denen die Zähne der Haifische in prächtigen Farben, ihre Rachen als reine Lustgärten dagestellt wären, in denen es sich prächtig ____25____ lässt.

17. Die *Theater* würden zeigen, wie heldenmütige Fischlein begeistert in die Haifischrachen ____26____, und die *Musik* wäre so schön, dass die Fischlein ihren Klängen der Kapelle voran, träumerisch in die Fischrachen ____27____

Religion

18. Die Religion würde lehren, dass die Fischlein erst im Bauch der Haifische richtig zu ____28____ begännen.

Gleichberechtigung

19. Es würde ____29____, dass alle Fischlein, wie es jetzt ist, GLEICH sind.

20. Einige würden Ämter ____30____ und über die anderen ____31____ werden.

21. Die ein wenig größeren dürften sogar die kleineren ____32____.

Ordnung

22. Und die größeren, Posten habenden Fischlein, würden für ORDNUNG ____33____, und Lehrer, Offiziere, Ingenieure im Kastenbau usw. ____34____.

Kurz, es gäbe überhaupt erst eine Kultur im Meer, wenn die Haifische Menschen wären.

2 Zum Überlegen und Diskutieren

Setzt euch in Gruppen zusammen und diskutiert die folgenden Fragen.

1. Lies die Landeskunde auf Seite 93 noch einmal, und denke über die verschiedenen politischen Systeme nach, mit denen Brecht in Kontakt kam.

2. Wovon handelt die Geschichte? Wer könnten die Haifische und wer die Fischlein sein?

3. Wie hat Brecht das Leben der Haifische und Fischlein im Meer strukturiert?

4. Was dient den Interessen der Haifische und was den Interessen der Fischlein?

5. Welche Rechte sollen die kleinen Fische in ihrer Gesellschaft aufgeben?

6. Welche Zeit in unserer Geschichte spricht Brecht mit seiner Erzählung an?

7. Vergleiche Brechts Aussagen mit deinen eigenen Erfahrungen in der heutigen Zeit?

8. Was wärst du lieber, ein Haifisch oder ein kleines Fischlein? Und würdest du gern in dieser Gesellschaft leben? Als was?

Dies und das

1 Lies Wolf Biermanns Beschreibung von Bertolt Brecht.

Herr Brecht

Drei Jahre nach seinem Tode
ging Herr Brecht
vom Hugenotten-Friedhof[1]
die Friedrichstraße entlang
zu seinem Theater.
Auf dem Wege traf er
einen dicken Mann
zwei dicke Frauen
einen Jungen.
Was, dachte er,
das sind doch die Fleißigen
vom Brechtarchiv.
Was, dachte er,
seid ihr immer noch nicht fertig
mit dem Ramsch[2]?
Und er lächelte
unverschämt-bescheiden[3] und
war zufrieden.   *Wolf Biermann*

Theater am Schiffbauerdamm

2 Lies, was Bertolt Brecht seinem Sohn rät.

1940

Mein Sohn fragte mich: Soll ich Mathematik lernen?
Wozu, möchte ich sagen. Dass zwei Stück Brot mehr ist als eines
das wirst du auch so merken.
Mein Sohn fragte mich: Soll ich Französisch lernen?
Wozu, möchte ich sagen. Dieses Reich geht unter. Und
reibe du nur mit der Hand den Bauch und stöhne
und man wird dich schon verstehn.
Mein Sohn fragte mich: Soll ich Geschichte lernen?
Wozu, möchte ich sagen. Lerne du deinen Kopf in die Erde stecken
da wirst du vielleicht übrig bleiben.
Ja, lerne Mathematik, sage ich
lerne Französisch, lerne Geschichte!   *Bertolt Brecht*

....

1 cemetery   **2** rubbish   **3** shamelessly modest

Kapitel

12 *Vor dem Lesen*
Mal was andres

Lesestrategie

Ursache und Wirkung analysieren Eine Ursache ruft eine Wirkung hervor; eine Wirkung wird durch eine Ursache hervorgerufen. (Ursache: Hunger; Wirkung: Essen) Mit Strukturen wie „Wenn ..., dann ..." oder konditionalen Formen wie „Hätte ..., so ..." oder „Wäre ..., so ...", sowie Konjunktionen wie „so", „weil" und „da" kann man ein Verhältnis von Ursache und Wirkung darstellen. Das Erkennen dieser Formen hilft dem Leser dabei, den Inhalt des Textes leichter zu verstehen.

Übung

Um in einem Text Ursache und Wirkung zu analysieren, hilft es, auf die Wörter „wenn" oder „weil" und „dann" zu achten; aber manchmal fehlen diese auch im Text. Lies die folgenden Sätze und vervollständige sie mit einer fehlenden Ursache oder Wirkung.

1. Hätte einer von ihnen gerülpst, so _____.
2. _____, weil sein hoher, steifer Kragen ihn würgte, doch daran hatte er sich gewöhnt.
3. Da der Vater die Gabel mit den Zähnen festhielt, _____.
4. Wäre einmal jemand zu spät zum Essen gekommen, so _____.
5. Immer wenn der Diener das Essen auf den Tisch bringt, dann _____.

Landeskunde

Der deutsche Schriftsteller und Kunsthistoriker Kurt Kusenberg wurde 1904 in Göteborg / Schweden geboren. Er hat viele Kinderjahre in Lissabon verbracht, bevor er mit seinen Eltern 1914 nach Wiesbaden zog. Fast vier Jahrzehnte lang schrieb Kusenberg Essays, Artikel über Kunstgeschichte, Hörspiele und viele Kurzgeschichten. Kusenberg war Lektor im Rowohlt Verlag und redigierte Rowohlts Monografien berühmter Persönlichkeiten der deutschen Geschichte und der Weltgeschichte. Kurt Kusenberg starb 1983.

Kurt Kusenberg

Mal was andres

Beim Lesen

Kennst du eine Familie, die sich sehr steif benimmt, wo sich die Familienmitglieder zum Essen fein anziehen? Warum tun manche Leute das wohl?

A. Wie benahm sich diese Familie?

B. Was war ihr Ritual vor dem Mittagessen?

C. Wie waren die Mutter und der Vater angezogen?

Es war eine sehr steife Familie. Vielleicht lag es daran[1], dass sie sich gleichsam vorschriftsmäßig[2] zusammensetzte: ein Mann, eine Frau, ein Sohn, eine Tochter – ach, Unsinn, daran lag es nicht, sondern das Steife steckte ihnen im Blut. Sie lächelten fein, aber sie lachten nie; sie benahmen sich wie bei Hofe[3] und kannten kein derbes Wort. Hätte einer von ihnen gerülpst[4], so wären sicherlich die anderen ohnmächtig[5] niedergesunken.

Abgezirkelt[6] verging ihnen der Tag. Beim Mittagessen betraten sie ganz kurz vor zwölf den Speisesaal, jeder durch eine andere Tür, und stellten sich hinter ihren Stühlen auf. Zwischen dem sechsten und dem siebten Schlag der Uhr nahmen sie Platz. Der Tisch war überaus vornehm gedeckt. Über der weißen Spitzendecke[7] lag,

um diese zu schonen, eine Glasplatte, und bei jedem Gedeck[8] standen drei geschliffene Gläser, obwohl nie Wein getrunken wurde, nur Wasser. Die Mutter trug beim Essen einen Hut auf dem Kopf. Dem Vater traten ein wenig die Augen hervor, weil sein hoher, steifer Kragen ihn würgte[9], doch daran hatte er sich gewöhnt. Jeden von ihnen drückte irgendetwas, und irgendetwas war zu eng oder zu hart; sie mochten es eben nicht bequem haben.

Das Folgende aber begab sich[10] nicht beim Mittagessen, sondern beim Abendbrot. Draußen, vor den Fenstern, spürte man den Mai; im Speisesaal spürte man ihn nicht. Kurz vor acht Uhr betraten sie den Raum und stellten sich hinter ihre Stühle, um zwischen dem

1 it was because   2 as if prescribed   3 behave like at court   4 burped   5 unconsciously
6 exact   7 lace tablecloth   8 table setting   9 choked   10 happened

vierten und fünften Schlag Platz zu nehmen. Doch was war das? Der Sohn stand nicht hinter seinem Stuhl, er war unpünktlich – er fehlte. Jetzt schlug die Uhr. Man setzte sich. Der Diener brachte die Suppenschüssel. Eisige Luft umwehte den Tisch, aber niemand sprach ein Wort; die Mahlzeiten wurden schweigsam eingenommen.

Sollte man es glauben? Noch immer war der Sohn nicht erschienen! Der Vater und die Mutter tauschten einen Blick und schüttelten den Kopf. Als die Tochter das sah, bangte ihr für[1] den Bruder. Stumm löffelten die drei ihre Suppe.

Und jetzt, wahrhaftig, trat er durch die Tür, der achtzehnjährige Sohn, als sei nichts vorgefallen[2]. Niemand schaute zu ihm hin, keiner bemerkte seine seltsame, gewitternde Miene. Was bedeutete sie – Aufruhr oder Spott[3]? Im nächsten Augenblick beugte sich der Sohn nieder, setzte die Handflächen auf den Boden, schnellte die Beine hoch[4] und stand kopfunten. So, in dieser würdelosen Stellung, marschierte er auf den Tisch zu.

Wo und wann er es gelernt hatte, auf den Händen zu gehen, blieb unerfindlich. Es änderte auch nichts an dem unglaublichen Vorgang[5]. Die drei am Tisch hörten auf, die Suppe zu löffeln und starrten den Jüngling an; er musste den Verstand verloren haben! Ja, so schien es – und doch wieder nicht, denn als der junge Mann bei seinem Stuhl angelangt war, ließ er sich wieder auf die Füße fallen, nahm Platz und aß von der Suppe.

Eigentlich – wir sagten es schon – wurde bei Tisch nicht gesprochen, aber als der Diener abgeräumt und das Hauptgericht gebracht hatte, tat der Vater seinen Mund auf und fragte: „Was soll das?"

Der Sohn zuckte die Achseln, lachte trotzig und sprach: „Mal was andres!"

Beim Lesen

D. Was passierte nun einmal beim Abendessen?

E. Wie war heute die Stimmung bei Tisch?

F. Was bemerkte keiner?

G. Was machte nun der Sohn?

H. Was dachten die drei, als sie das sahen?

I. Was antwortet der Sohn auf die Frage seines Vaters?

- -

1 she was afraid for   **2** as if nothing had happened   **3** rebellion or scorn   **4** shot up
5 incident

J. Was für eine Wirkung hatten diese drei Worte?

K. Was bedeutet „Mal was andres" für diese Familie?

Es waren nur drei Worte, aber sie fuhren wie ein Donnerschlag auf die Übrigen nieder. Der Vater, die Mutter und die Tochter blickten ganz betäubt[1], und selbst wenn es erlaubt gewesen wäre, bei Tisch zu sprechen, hätte keiner ein Wort hervorgebracht.

Mal was andres! Schlimmeres konnte nicht ausgesprochen werden in einem Hause, welches so streng das Herkommen einhielt[2], denn es ging ja gerade darum, dass nichts sich änderte, dass alles genau so getan wurde, wie man es festgelegt hatte. Und dann die grobe, fast unflätige[3] Ausdrucksweise! „Einmal etwas anderes" hieß das in einem Kreise, der sich einer sorgfältigen Sprache befliss[4].

Man aß und trank Wasser, mehr Wasser als sonst, aus verhaltener[5] Erregung. Der Sohn tat, als merkte er von alledem nichts.

Der Vater blickte auf den Tisch nieder. Wie es in ihm aussah, ließ sich denken – das heißt: genau wusste man es selbstverständlich nicht, denn das Innere eines Menschen ist sehr geheim und bisweilen überraschend. Wer zum Beispiel hätte das erwartet, was jetzt geschah?

L. Was machte der Vater nun?

Es begann damit, dass der Vater, obwohl er mit dem Essen fertig war, die Gabel in den Mund steckte und sie mit den Zähnen festhielt. Dann nahm er eines der geschliffenen Gläser und stellte es vorsichtig auf den Gabelgriff. Die Gabel schwankte ein wenig, doch das Glas blieb stehen. Sechs starre Augen verfolgten des Vaters Treiben[6]. Der nahm jetzt ein zweites Glas und versuchte, es auf das erste zu setzen. Fast wäre es ihm gelungen, aber eben nur fast, und so stürzten beide Gläser auf den Tisch und zersprangen.

. . . .

1 stunned   **2** observed tradition   **3** coarse, almost lewd   **4** used   **5** restrained
6 goings-on

Verlegen[1], aber durchaus nicht betreten[2], schaute der Vater in die Runde. Er hörte die Frage hinter den stummen Lippen und gab eine Erklärung ab. „Mal was andres!" sagte er.

Zum ersten Mal an diesem Tisch begab es sich, dass die Mutter und die Tochter einen Blick wechselten. Was er ausdrückte, war schwer zu sagen; sicherlich ein Einverständnis[3] – aber welcher Art? Vielleicht war es auch kein Einverständnis, denn was die Tochter nun beging[4], konnte unmöglich der Mutter recht sein.

Das junge Ding – mehr als fünfzehn zählte es nicht – hob plötzlich die Hände zum Kopf und löste die aufgebundenen Haare, dass sie über die Schultern fluteten. Nicht genug damit, nahm das Mädchen ein Messer und schnitt sich vom Hals zur Brust die Bluse auf; es kam ein schöner Ausschnitt zustande[5] – schön, weil er von den Brüsten etwas sehen ließ. „Mal was andres!" sprach die Tochter.

Jetzt blickten alle die Mutter an. Was würde sie sagen, was würde sie tun! Nichts sagte sie, doch sie tat etwas. Sie griff nach der Glasplatte, die auf dem Tisch lag, und hob sie empor[6]. Hei, wie glitt und stürzte da alles herunter, Schüsseln, Teller, Gläser, wie zerschellten sie lustig am Boden! Die Mutter jedenfalls fand es lustig, und als sie laut lachte, lachten die drei mit. „Mal was andres!" rief die Mutter, von Heiterkeit geschüttelt, und schlug sich auf die Schenkel[7]. „Mal was andres!" johlten die andren.

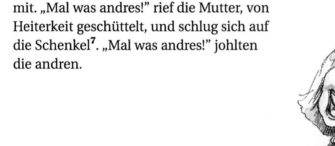

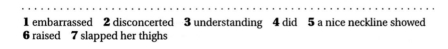

1 embarrassed   2 disconcerted   3 understanding   4 did   5 a nice neckline showed
6 raised   7 slapped her thighs

Beim Lesen

M. Was signalisieren Mutter und Tochter mit ihren Blicken?

N. Was machte die Tochter?

O. Warum blickten jetzt alle die Mutter an?

Von nun an war kein Halten mehr. Wir können nicht aufzählen, was die Übermütigen alles anstellten[1]; nur eines sei berichtet. Sie sprangen über die Stühle, beschmierten die Bilder an der Wand mit Senf und rollten sich in den Teppich ein. Sie spielten Haschen[2], wobei viele Gegenstände zerbrachen, tanzten wild auf dem Tisch herum, und als der Diener das Dessert brachte, rissen sie ihm das Tablett aus der Hand und warfen es durch die Fensterscheiben. Die hereinströmende Mailuft machte sie vollends toll; sie schrien laut und machten Purzelbäume[3]. Anfangs war der Diener sehr erschrocken; dann aber stürzte er sich in das närrische Treiben.

Gegen neun Uhr, als es zu dunkeln begann, erscholl draußen plötzlich Musik. Alle liefen ans Fenster und blickten hinaus. Da stand eine kleine Gruppe von Schaustellern[4], die ankündigen[5] wollten, dass am nächsten Abend eine Vorstellung stattfinde. Die Gaukler[6] waren offensichtlich eine Familie: Vater, Mutter, Sohn und Tochter, genau wie die Familie im Fenster. Welch hübscher Zufall[7]!

„Heda!" rief der Vater im Fenster dem Vater auf der Straße zu, als das Musikstück geendet hatte. „

Wollt ihr nicht mit uns tauschen?" Und da der andere nicht zugleich begriff: „Ich meine, wollt ihr dieses Haus haben samt allem[8], was drin ist, und uns dafür Eure Habe[9] überlassen? Es ist mir ernst damit – uns zieht es auf die Straße, in die Ferne."

---

1 what the high-spirited ones did 2 game of tag 3 somersaults 4 performers
5 announce 6 jugglers 7 coincidence 8 together with everything 9 belongings

Die Schauspieler berieten sich und meinten dann, man müsse den Fall aushandeln[1]. „Ja, kommt nur herauf!" rief der Vater im Fenster. Misstrauisch betraten die Gaukler das vornehme Haus, schüchtern schoben sie sich in den Speisesaal. Doch als man ihnen kräftig die Hand schüttelte und nachdrücklich erklärte, das Anerbieten[2] sei wirklich ernst gemeint, fassten sie allgemach Vertrauen[3].

Nun wurden sie rasch einig, die beiden Familien. Im Nu wechselten sie die Kleider und das Dasein. Ein wenig drollig sahen die feinen Leute ja in dem verwegenen Aufputz[4] aus; doch waren sie glücklich. Nur der Diener weinte, denn er wäre gerne mitgezogen, aber er musste unbedingt zurückbleiben, damit der Tausch vollkommen sei und es den Hausbesitzern nicht an Bedienung mangle[5].

„Mal was andres!" bettelte er und warf sich sogar auf die Knie, doch es half ihm nichts.

„Wir lassen dir vier neue Gesichter zurück", sprach der Hausherr im Fortgehen. „Das ist Abwechslung genug."

„Mal was andres!" sangen die neuen Schausteller im Chor, als sie auf der nächtlichen Straße fortzogen, und winkten denen im Fenster. Der Sohn blies die Trompete ganz leidlich[6], die Tochter spielte hübsch auf der Ziehharmonika und der Vater zupfte besessen[7] seine Gitarre. Nur die Mutter wusste mit der großen Trommel noch nicht so richtig umzugehen[8].

Kurt Kusenberg

Beim Lesen

s. Waren die Schausteller mit dem Angebot sofort einverstanden?

T. Was machten die beiden Familien jetzt?

U. Warum konnte der Diener nicht mitgehen?

V. Wen konnte man nun auf der Straße sehen und in welchen Rollen?

---

1 negotiate the situation   **2** proposal   **3** they gradually began to trust them   **4** bold, flashy dress   **5** did not do without service   **6** tolerably   **7** as if possessed   **8** did not know how to use

Nach dem Lesen
Übungen

1 Welche Satzteile passen zusammen?

Welche Satzteile auf der rechten Seite vervollständigen die Satzanfänge auf der linken Seite?

Die steife Familie

1. Die Steifheit steckte ihnen _____.
2. Sie lächelten fein, aber sie _____.
3. Sie benahmen sich wie _____.
4. Sie kannten kein _____.
5. Kurz vor zwölf betraten sie _____.
6. Jeder kam durch eine _____.
7. Sie stellten sich hinter _____.
8. Zwischen dem 6. und 7. Schlag der Uhr _____.

a. andere Tür
b. bei Hofe
c. den Speisesaal
d. derbes Wort
e. ihrem Stuhle auf
f. im Blut
g. lachten nie
h. nahmen sie Platz

Beim Mittagessen

9. Der Tisch war überaus _____.
10. Über der Spitzendecke lag _____.
11. Bei jedem Gedeck standen _____.
12. Wein wurde nie getrunken, nur _____.
13. Beim Essen trug die Mutter _____.
14. Den Vater würgte _____.
15. Deshalb traten ihm ein wenig _____.
16. Sie mochten es eben nicht _____.

i. bequem haben
j. die Augen hervor
k. drei geschliffene Gläser
l. ein steifer Kragen
m. eine Glasplatte
n. einen Hut auf dem Kopf
o. vornehm gedeckt
p. Wasser

Beim Abendbrot

17. Der Sohn war unpünktlich; er stand _____.
18. Dann trat er durch die Tür, als _____.
19. Er setzte die Handflächen _____.
20. Dann schnellte er _____.
21. In dieser würdelosen Stellung _____.
22. Die drei hörten auf, _____.
23. Er musste wohl _____.
24. Aber dann nahm er wieder Platz _____.

q. auf dem Boden
r. den Verstand verloren haben
s. die Beine hoch
t. die Suppe zu löffeln
u. marschierte er auf den Tisch zu
v. nicht hinter dem Stuhl
w. sei nichts vorgefallen
x. und aß von der Suppe

2 Welches Wort passt in welche Lücke?

Ergänze den Text mit einem passenden Wort aus dem Kasten.

Augen	erste	Essen	Gabel	Gabelgriff	gelungen
Glas	Gläser	nahm	stürzten	Zähnen	zersprangen

Es begann damit, dass der Vater, obwohl er mit dem ___1___ fertig war, die ___2___ in den Mund steckte und sie mit den ___3___ festhielt. Dann nahm er eines der geschliffenen ___4___ und stellte es vorsichtig auf den ___5___. Die Gabel schwankte ein wenig, doch das ___6___ blieb stehen. Sechs starre ___7___ verfolgten des Vaters Treiben. Der ___8___ jetzt ein zweites Glas und versuchte, es auf das ___9___ zu setzen. Fast wäre es ihm ___10___, aber eben nur fast, und so ___11___ beide Gläser auf den Tisch und ___12___.

3 Erzählen

Erzähle die folgenden Teile von „Mal was andres" mündlich. Gebrauche dabei so viele Gesten, wie du willst.

1. Beschreibe die Routine der normalen Familie.
2. Beschreibe, wie die vier Familienmitglieder diese Routine gebrochen haben.
   a. der Sohn **b.** der Vater **c.** die Tochter **d.** die Mutter
3. Beschreibe die Verhandlungen des Vaters mit den Gauklern.

4 Zum Überlegen und Diskutieren

Setzt euch in kleinen Gruppen zusammen und diskutiert die folgenden Fragen.

1. Warum hat sich der Sohn wohl plötzlich so ganz anders benommen?
2. Warum haben der Vater, die Tochter und die Mutter danach „mal was andres" getan?
3. Können Leute sich so plötzlich ändern und ihre langjährige Routine aufgeben und sich völlig anders verhalten?
4. Warum entschließt sich die Familie dann, ihr Haus den Schauspielern zu geben und ihre Lebensgewohnheiten mit denen der Schauspieler zu tauschen?
5. Kennt ihr Leute, die ihr Leben völlig verändert haben? Berichtet darüber.
6. Wer von euch hätte Lust, einmal die tägliche Routine zu ändern und „mal was andres" zu tun? Was würdet ihr tun?

5 Zum Schreiben

1. Beschreibe, was du gern mal anders tun würdest.
   z. B. Ich möchte gern den ganzen Tag vor dem Computer sitzen und abends zwischen 6 und 8 Uhr zur Schule gehen.
2. Schreib das Ende von „Mal was andres" aus der Perspektive der vier Gaukler.

Dies und das

1 Lies das Gedicht „Der Gaul" von Christian Morgenstern.

Der Gaul[1]

Es läutet beim Professor Stein.
Die Köchin rupft die Hühner.
Die Minna geht: Wer kann das sein? –
    Ein Gaul steht vor der Türe.

Die Minna wirft die Türe zu.
Die Köchin kommt: Was gibt's denn?
Das Fräulein kommt im Morgenschuh.
    Es kommt die ganze Familie.

„Ich bin, verzeihn Sie", spricht der Gaul,
„der Gaul vom Tischler[2] Bartels.
Ich brachte Ihnen dazumaul[*]
    die Tür- und Fensterrahmen!"

Die vierzehn Leute samt dem Mops,
sie stehn, als ob sie träumten.
Das kleinste Kind tut einen Hops,
    die andern stehn wie Bäume.

Der Gaul, da keiner ihn versteht,
schnalzt[3] bloß mal mit der Zunge,
dann kehrt er still sich ab und geht
    die Treppe wieder hinunter.

Die dreizehn schaun auf ihren Herrn,
ob er nicht sprechen möchte.
„Das war", spricht der Professor Stein,
    „ein unerhörtes Erlebnis!" ...

Christian Morgenstern
(1871—1914)

---

[*] **Dazumaul,** a variation of **dazumal** (*a while ago, at that time*) is used to rhyme with Gaul, and also to call to mind the image of the horse carrying the door and window frames in its mouth (**Maul**).

. . . .

1 old horse, nag **2** carpenter **3** window frames **4** clicks

Wortschatz

Answer Key

Acknowledgments

Credits

Wortschatz

der **Abend, -e** *evening*

das **Abendbrot** *dinner*

abends *in the evening*

die **Abenteuergeschichte, -n** *adventure story*

aber (conj) *but*

abfahrbereit *ready to depart*

s. **abfinden mit** (dat) *to resign oneself to*

abgeben *to hand in; to surrender*

der **Abgeordnete, -n** *delegate; congressman*

abgeräumt (pp) *cleared (the table)*

abgezirkelt *planned exactly*

abhanden kommen *to go missing*

abhold sein *to be averse to*

abholen *to pick up*

s. **abkehren** *to turn away, to turn around*

das **Abkommen, -** *agreement*

der **Ablauf: zeitlicher Ablauf** *time lapse*

das **Abonnement** *commuter ticket; subscription*

die **Abrechnung, -en** *settling of an account*

der **Absatz, ⸚e** *shoe heel; paragraph*

Abschied nehmen *to say goodbye*

die **Absicht, -en** *intention*

absichtlich *intentionally*

die **Abstammung, -en** *descent; origin*

der **Abstand, ⸚e** *interval*

das **Abteil, -e** *compartment*

abwarten *to wait and see*

die **Abwechslung** *change; variety; diversion*

abweisen *to reject; to turn down*

die **Abweisung** *refusal; rejection*

Ach! *Oh!*

Achseln: die Achseln zucken *to shrug one's shoulders*

achten auf (acc) *to pay attention to*

die **Achtung: alle Achtung** *attention: hats off*

ächzen *to groan*

die **Adresse, -n** *address*

ahnen *to suspect*

ähnlich *similar*

die **Ahnung** *suspicion*

ahnungslos *unsuspecting*

die **Aktentasche, -n** *briefcase*

akzeptieren *to accept*

die **Allee, -n** *avenue*

allein(e) *alone*

allerhand *all kinds*

allerlei *all kinds of*

allerschönst *most beautiful*

allgemach *gradually*

allgemein *general*

allgemein: im Allgemeinen *in general*

alliiert *allied*

allmählich *gradual(ly)*

der **Alltag** *daily routine*

als *than*

als (conj) *when; at the time*

der **Altan** *balcony*

das **Alter** *age*

älter *older*

altmodisch *old-fashioned*

das **Amt, Ämter** *official duty*

anbrennen *to light*

ander- *other*

ändern *to change*

anders: Mir wird ganz anders dabei. *I get sick of it.*

das **Anerbieten** *proposal; offer*

die **Anerkennung** *recognition*

der **Anfang** *beginning*

anfangen *to begin*

anfangs *at first*

angeben *to report*

angeboten (pp) *offered*

angehen *to start*

die **Angel, -n** *fishing rod*

angelangt sein *to have reached (a destination)*

angeln *to fish*

angemessen *proper*

angenehm *comfortable*

das **Angesicht, -er** *face; countenance*

angewiesen sein (auf) *to depend on*

angezogen (pp) *dressed*

anglotzen *to gawk at*

Angst haben *to be afraid*

die **Angst, Ängste** *fear*

angst: Mir ist angst. *I am scared.*

ängstigen *to make afraid*

anheften *to pin*

ankommen *to arrive at*

ankommen auf (acc) *to depend on*

die **Anlegestelle, -n** *pier*

anpassen *to adapt*

anreden *to address*

anrüchig *shady*

anrucken *to start moving*

anschaffen *to acquire; to provide*

die **Anschaffung, -en** *acquisition*

anschauen *to look at*

Anschein: den Anschein erwecken *to create the impression*

anschließend *following; afterward*

ansehen *to look at*

die **Ansicht, -en** *opinion; view*

ansonsten *otherwise*

ansprechen *to appeal to*

ansprechen: wird angesprochen *to address: is being addressed*

anstandslos *without fuss*

anstarren *to stare at*

ansteckend *contagious*

anstelle (gen) *in place of*

anstellen *to do*

antworten *to reply*

anwenden *to use; to apply*

anwerben *to recruit*

s. **anziehen** *to get dressed*

der **Aphorismus, Aphorismen** *aphorism*

die **Arbeit, -en** *work*

arbeiten *to work*

architektonisch *architectural*

der **Ärger** *anger*

arm *poor*

der **Arm, -e** *arm*

die **Art, -en** *kind*

der **Artikel, -** *article*

aß: essen *to eat*

auch *also*

aufdrücken: ein Mal aufdrücken *to put a mark on*

das **Aufeinanderschlagen** *jingle* (coins)

der **Aufenthalt** *residency; stay*

auffallen *to be conspicuous*

die **Aufforderung, -en** *call; request*

auffressen *to devour*

die **Aufgabe, -n** *task*

aufgeben *to give up; to relinquish*

aufgebunden (pp) *pulled up* (hair)

aufgegeben (pp) *checked* (luggage)

aufgehen *to open; to rise*

aufgeräumt (pp) *put away*

aufgeregt *excited*

aufhalten *to delay; to stop*

aufhängen *to hang up*

aufheben *to pick up*

aufhören *to stop*

aufleuchten *to light up*

auflösen *to dissolve*

s. **aufopfern** *to sacrifice oneself*

aufpassen *to pay attention*

der **Aufputz** *flashy dress*

aufrechterhalten *to maintain*

s. **aufrichten** *to straighten up*

der **Aufruhr** *rebellion*

die **Aufrüstung** *strength; armor*

aufschlagen *to open*

aufschrecken *to startle*

aufspringen *to jump up*

aufstecken: etwas aufstecken *to let it pass*

aufstehen *to get up*

aufsteigen *to rise*

der **Aufstieg** *climb* (to success)

auftauchen *to appear*

das **Auftrittsverbot, -e** *prohibition of appearing* (on stage)

s. **auftun** *to open up*

aufwachen *to wake up*

aufwachsen *to grow up*

aufwärtsgewölbt *arched upward*

aufzählen *to enumerate*

das **Auge, -n** *eye*

Wortschatz

der **Augenblick, -e** *moment*

die **Ausbildung** *education*

ausbrechen *to erupt*

ausbreiten *to spread*

ausdehnen *to stretch; to extend*

der **Ausdruck, ⸚e** *expression*

ausdrücken *to express*

ausdrücklich *expressly; explicitly*

die **Ausdrucksweise** *way of expression; style*

auseinanderlaufen *to go one's separate way*

ausgebreitet *spread out*

ausgehen von *to start from*

ausgerechnet (pp) *of all places*

ausgesprochen *distinct; explicit*

ausgesprochen (pp) *said; articulated*

aushandeln *to negotiate*

auskommen mit jemandem *to get along with someone*

die **Auskunft** *information*

auslachen *to laugh at*

der **Ausländer, -** *foreigner*

die **Ausrede, -n** *excuse*

ausreichen *to be sufficient*

die **Aussage, -n** *statement*

der **Ausschnitt** *neckline*

das **Aussehen** *looks; appearance*

aussehen: gut aussehen *to look good*

außer *apart from; aside from*

außer sich sein *to be beside oneself*

außerdem *apart from that*

außergewöhnlich *unusual*

äußerlich *external*

das **Außerordentliche** *the extraordinary*

die **Äußerung, -en** *statement*

aussetzen (das Herz) *to miss a beat*

ausspeien *to spit out*

ausspringen *to skip*

ausspucken *to spit out*

aussteigen *to get off*

aussterben *to become extinct*

austeilen *to hand out*

die **Auswahl** *choice; selection*

auswandern *to emigrate*

autonom *autonomous*

der **Autor, -en** *author*

die **Backe, -n** *cheek*

der **Backofen, ⸚** *oven*

der **Bademantel, ⸚** *bathrobe*

baden gehen *to go swimming*

das **Bächlein, -** *small brook*

das **Bad, ⸚er** *bathroom*

die **Bahn, -en** *train*

der **Bahnhof, ⸚e** *train station*

der **Bahnsteig, -e** *platform*

die **Bahnverbindung, -en** *train connection*

bald *soon*

der **Balkon, -e** *balcony*

die **Ballade, -n** *ballad*

bang(e) sein *to be afraid*

das **Bangen** *worry*

bangen für (acc) *to be afraid for*

der **Bankier, -s** *banker*

barfuß *barefoot*

basieren auf *to be based on*

bäte: bitten *to ask*

der **Bauarbeiter, -** *construction worker*

der **Bauch, ⸚e** *stomach*

der **Bauer, -n** *farmer*

die **Bäuerin, -nen** *farmer (female)*

der **Bauführer, -** *construction boss*

das **Baujahr, -e** *construction year*

der **Baum, ⸚e** *tree*

beabsichtigen *to intend*

beängstigend *frightening*

beantragen *to propose*

beben *to tremble*

der **Becher, -** *cup*

bedächtig *slow(ly)*

s. **bedanken** *to say thank you*

das **Bedenken, -** *doubt; objection*

bedeuten *to mean, to signify*

bedeutendst- *most important*

die **Bedeutung, -en** *meaning*

die **Bedienung** *service*

bedrohen *to threaten*

beenden *to finish*

die **Beere, -n** *berry*

s. **befassen mit** *to concern oneself with*

s. **befinden** *to be*

befliss: sich befleißigen *to apply oneself to something*

s. **befreien von** (dat) *to rid oneself of*

befriedigt *satisfied*

begab: es begab sich *it happened*

begännen: beginnen *to begin*

die **Begebenheit, -en** *event*

begegnen (dat) *to run into; to meet*

begehren *to desire*

begeistert *enthusiastic*

beging: etwas begehen *to do something*

begrenzt *limited*

der **Begriff, -e** *term*

begriff: begreifen *to understand*

begründen *to give a reason*

die **Begrüßung, -en** *greeting; welcome*

behandeln *to treat*

behaupten *to claim*

behend *nimble; agile*

beherrscht sein von (dat) *to be controlled by*

beibringen *to teach*

beide *both*

der **Beifall** *applause; approval*

beiläufig *casually*

das **Bein, -e** *leg*

beinahe *almost*

das **Beispiel: zum Beispiel** *for example*

bekannt *famous; known*

bekanntlich *as everybody knows*

bekommen *to receive*

bekräftigen *to confirm*

bekümmert *worried*

belächeln *smile (condescendingly) at*

belauschen *to listen to*

belegen *to prove*

beliebt *popular*

belohnen *to reward*

belügen *to lie to*

bemerken *to notice*

benachbart *neighboring*

s. **benehmen** *to behave*

beneiden *to envy*

benutzen *to use*

beobachten *to observe*

s. **berauschen an** *to be enraptured by*

die **Berechnung, -en** *calculation*

bereithalten *to hold ready*

bereitwillig *willing; eager*

der **Berg, -e** *mountain*

berichten *to report*

berieten: sich beraten mit *to consult with*

beruhigen *to calm down*

berühren *to touch*

beschaffen *to find; to get a hold of*

s. **beschäftigen mit** (dat) *to be busy with*

Bescheid wissen (über) *to know (about)*

bescheiden *modest*

beschloss: beschließen *to decide*

beschmieren *to smear on*

beschreiben *to describe*

die **Beschreibung, -en** *description*

beschrieben *described*

s. **beschweren** *to complain*

beschwingt *buoyantly*

beschworen (pp) *sworn*

beseligend *blissful*

besessen *possessed*

besessen: (pp) **besitzen** *to have*

besichtigen *to visit* (a place)

besiegen *to defeat; to overcome*

besitzen *to own*

besonders *especially*

besser *better*

best- *best*

bestaunen *to marvel at*

bestellen *to order*

bestimmen *to determine; to decide*

bestimmt *certain*

betäubt *stunned*

der **Betrachter, -** *viewer*

betreiben *to carry out; to pursue*

betreten *to enter*

betreten *disconcerted*

betteln *to beg*

s. **beugen** *to bend (down)*

der **Beutel, -** *pouch; bag*

bewegt (pp) *heavy (seas)*

die **Bewegung, -en** *movement*

beweisen *to prove*

bewohnen *to inhabit*

bezahlen *to pay*

die **Beziehung, -en** *relationship*

die **Biederkeit** *honesty*

biegen *to bend*

das **Bier, -e** *beer*

bieten *to offer*

das **Bild, -er** *image; picture*

bildend *educational*

das **Bilderbuch, ⸚er** *textbook*

die **Bildung** *education*

die **Bildunterschrift, -en** *caption*

die **Biografie, -n** *biography*

der **Birnbaum, ⸚e** *pear tree*

bis *until*

bisschen: ein bisschen *a little*

bisweilen *at times*

bitten *to beg*

blass *pale*

das **Blatt, ⸚er** *page; leaf*

bleiben *to stay*

bleich *pale*

der **Blick, -e** *glance, look; gaze*

blicken *to look*

das **Blickfeld** *field of vision*

blies: blasen *to play* (trumpet)

blind *blind*

blindlings *blindly*

blöd *dumb; silly*

der **Blödsinn** *nonsense*

die **Blonde, -n** *blonde*

blondieren *to dye* (one's hair) *blond*

bloß *only*

die **Blume, -n** *flower*

die **Bluse, -n** *blouse*

bluten *to bleed*

blutig *bloody*

der **Boden** *floor; ground*

der **Bogen, ⸚** *arch*

die **Bombe, -n** *bomb*

die **Bombenstellung** *important position*

das **Boot, -e** *boat*

das **Bord, -e** *shelf*

das **Böse** *evil*

böse: etwas nicht böse meinen *to mean no harm*

böse: jemandem böse sein *to be angry with someone*

der **Brand, ⸚e** *fire*

das **Brausen** *roaring*

die **Braut, ⸚e** *bride*

brechen *to break*

brennend *burning*

der **Brief, -e** *letter*

der **Briefkasten, ⸚** *mailbox*

der **Briefwechsel** *correspondence*

bringen: zu etwas bringen *to succeed*

bringt: es bringt nichts *it doesn't help*

der **Brocken, -** *morsel*

das **Brot, -e** *bread*

die **Brücke, -n** *bridge*

der **Bruder, ⸚er** *brother*

brüllen *to roar*

brummen *to hum*

die **Brust, ⸚e** *bosom; chest*

s. **brüsten** *to boast*

die **Brut** *brood; spawn*

der **Buchstabe, -n** *letter*

die **Bude, -n** *shack*

der **Bühnenbildner, -** *stage designer*

der **Bund** *covenant*

das **Bündel, -** *bundle*

die **Bundesrepublik Deutschland** *Federal Republic of Germany*

buntgekleidet *colorfully dressed*

das **Büro, -s** *office*

der **Bursche, -n** *lad; guy*

das **Buschland** *brushy land*

der **Busen, -** *breast; heart*

chorisch *choreographic*

das **Dach, ⸚er** *roof*

dachte: denken *to think*

dagegen *however*

daheim *at home*

daher *therefore*

damalig *then*

damals *at that time*

damit (conj) *so that*

dampfend *steaming*

Dänemark *Denmark*

dankbar sein *to be grateful*

dann *then*

darreichen *to hand someone something*

darstellen *to represent; to portray, to show*

das **Dasein** *existence*

dastehen als *to look like*

dauern *to last*

der **Daumen, -** *thumb*

dazugehören *to belong to*

die **Decke, -n** *blanket*

decken: den Tisch decken *to set the table*

defilieren *to march past*

s. **denken** *to imagine*

denken an (acc) *to think of; to keep in mind*

denn (conj) *because*

derb *coarse; crude*

derselbe *the same*

deshalb *therefore*

desto: je mehr ... desto ... *the more ... the ...*

deswegen *therefore*

deuten *to interpret*

deutlich *clear; distinct*

dicht *dense*

der **Dichter, -** *poet*

die **Dichtung** *poetry*

dick *thick; fat*

der **Diener, -** *servant*

diskutieren *to discuss*

dividieren *to divide*

der **Dom, -e** *cathedral*

der **Donner** *thunder*

der **Donnerschlag** *thunderclap*

Donnerwetter! *Wow!*

doppelt *double*

das **Dorfwirtshaus, ̈-er** *village inn*

dort *there*

das **Döschen, -** *little jar*

das **Drama, Dramen** *drama; play*

der **Dramatiker, -** *dramatist; playwright*

s. **drängen** *to jostle*

draußen *outside*

der **Dreck** *dirt*

das **Drehbuch, ̈-er** *screenplay*

drehen *to turn*

dreißig *thirty*

drob = da oben *on*

dröhnen *to boom*

drollig *funny*

drüben *over there*

der **Druck** *pressure*

drücken *to press; to squeeze*

der **Dummkopf** *idiot*

dunkel *dark*

die **Dunkelheit** *darkness*

durchaus *thoroughly*

durchfahren *to pass through*

durchgedreht sein *to be stressed*

durchgehen lassen *to overlook*

durchgraut (pp) *thoroughly horrified*

durchmachen *to go through*

durchrütteln *to shake about*

der **Durchschnitt, -e** *average*

dürfen *to be allowed to*

der **D-Zug** *express; fast train*

eben *just*

ebenfalls *likewise; also*

die **Ecke, -n** *corner*

edel *noble*

die **Edelfrau, -en** *noblewoman*

egal *no matter*

die **Ehre** *honor*

die **Eifersucht** *jealousy*

eigen *(one's) own*

die **Eigenschaft, -en** *characteristic; property; quality*

eigentlich *actual(ly)*

eilen *to hurry*

einbiegen *to turn into*

der **Eindruck, ̈-e** *impression*

einfach *simple*

einfallen *to occur to*

einfing: einfangen *to catch*

der **Einfluss** *influence*

eingehen in *to be entered into*

eingelullt (pp) *lulled into a false sense of security*

eingewandert (pp) *immigrated*

eingreifen *to intervene*

einhielt: etwas einhalten *to observe something*

einholen *to catch up*

einig werden *to come to an agreement*

einige *a few*

einige: einiger *several: of several*

s. **einigen** *to agree on*

einigermaßen *reasonably*

einkehren *to stop at an inn*

Einklang: in Einklang bringen *to bring in line; to reconcile*

s. **einlassen** *to get involved*

einmal: auf einmal *at the same time; suddenly*

einnehmen *to have* (a meal)

eins *one*

die **Einsamkeit** *seclusion; isolation*

einschenken *to pour*

einschlafen *to fall asleep*

die **Einsicht, -en** *insight; understanding*

einsilbig *taciturn; curt*

einst *once*

einsteigen *to get on* (a train)

einstellen: den Wagen einstellen *to drive the car into the garage*

eintauchen *to dive in*

einteilen *to divide*

eintragen *to enter*

das **Einverständnis, -se** *understanding*

einwandern *to immigrate*

die **Einzelhandelskauffrau, -en** *retailer*

die **Einzelheit, -en** *detail*

einzig *only*

die **Eisdiele, -n** *ice cream parlor*

eisig *icy*

das **Elend** *misery*

die **Eltern** *parents*

empfangen *to receive*

empfinden *to feel*

die **Empfindung, -en** *sensation*

emporheben *to raise*

enden *to end*

endlich *finally*

endlos *without end*

eng *tight; narrow*

s. **engagieren** *to be active in*

die **Enge** *narrowness*

entdecken *to discover*

s. **entfalten** *to unfold*

entfernen *to remove*

entfernt *distant*

entfernt von *away from*

entflohen (pp) *escaped*

enthalten *to comprise; to contain*

entlang *along*

entnehmen *to gather (from); to infer (from)*

entrissen (pp) *snatched away*

entscheiden *to decide*

Entschluss: einen Entschluss fassen *to make a decision*

Entschuldigung! *Excuse me!*

entschwunden (pp) *disappeared*

entsetzlich *terrible*

entstand: entstehen *to be written* (book)

entweder ... oder *either ... or*

entweihen *desecrate*

entwickeln *to develop*

entzog: entziehen *to withdraw*

entzwei brechen *to break in two*

entzwei springen *to break in two*

Erdboden: vom Erdboden verschwinden *to disappear from the face of the earth*

die **Erde** *ground; earth*

das **Erdenrund** *earth*

das **Ereignis, -se** *event*

erfahren *to find out*

der **Erfolg, -e** *success*

ergänzen *to complete*

s. **ergeben** *to arise; to crop up*

das **Ergebnis, -se** *result*

s. **ergötzen an** *to take delight in*

ergriff: ergreifen *to grab*

erhalten *to receive; to preserve*

s. **erinnern** *to remember*

erkennbar *recognizable*

erkennen *to recognize*

erklären *to explain*

die **Erklärung, -en** *explanation*

s. **erkundigen** *to inquire*

erlaubt (pp) *permitted*

erlogen sein *to be a lie*

erlöst *relieved*

ermüdend *tiring*

ernst *serious(ly)*

ernten *to harvest*

erobern *to conquer*

erquicken *to refresh*

die **Erregung** *excitement*

errungen (pp) *obtained*

erschauen *to see*

erscheinen *to appear*

erscholl: erschallen *to ring out*

erschöpft (pp) *exhausted*

erschraken: erschrecken *to be frightened*

erschrocken sein *to be startled*

erst *not before; only*

erst- *first*

erstaunen *to astonish; to amaze*

das **Erstaunen** *amazement*

ersticken *to suffocate*

ertaubt *deaf*

ertrinken *to drown*

das **Erwachen** *awakening*

der **Erwachsene, -n** *adult*

erwähnen *to mention*

erwarten *to expect*

die **Erwartung, -en** *expectation*

erwecken *to awaken*

erweisen *to show*

erwidern *to return; to reply*

erwuchs: erwachsen *to grow*

erzählen *to tell*

der **Erzähler, -** *narrator*

die **Erzählung, -en** *narration*

erzürnen *to infuriate*

das **Etikett, -e** *label*

das **Etui, -s** *case*

evakuieren *to evacuate*

ew'g = ewig *eternal*

ewig *eternal*

die **Ewigkeit** *eternity*

die **Existenz** *existence; living*

die **Explosion, -en** *explosion*

die **Fähre, -n** *ferry*

der **Fahrgast, ⸚e** *passenger*

das **Fahrgeld** *fare*

der **Fährmann** *ferryman*

das **Fahrzeug, -e** *vehicle*

der **Fall, ⸚e** *situation; case*

fallen lassen *to drop*

falls *if; in case*

falsch *wrong*

die **Falte, -n** *wrinkle*

die **Familie, -n** *family*

das **Familienmitglied, -er** *family member*

die **Farbe, -n** *color*

fast *almost*

faul *lazy*

das **Faulenzen** *doing nothing*

fehlen *to miss; to be absent*

feiern *to celebrate*

fein *fine; exquisite*

der **Feind, -e** *enemy*

feindlich *hostile*

das **Feld, -er** *field*

der **Fensterrahmen, -** *window frame*

die **Fensterscheibe, -n** *windowpane*

fern *far away*

die **Ferne** *distance*

fernhalten von *to keep away from*

das **Fernsehen** *television*

fertig *finished*

fertig schreiben *to finish (writing)*

der **Fesselballon, -e** *hot-air balloon*

fest *firm*

das **Fest, -e** *party; banquet*

festgelegt (pp) *fixed; determined*

festhielt: festhalten *to hold on*

feucht *wet*

feuchtverklärt *moist-transfigured*

das **Feuer** *fire*

feuertrunken *fire-inspired*

fielen: fallen *to fall*

der **Fischer, -** *fisherman*

das **Fischlein, -** *small fish*

flach *flat*

die **Fläche, -n** *area*

flackern *to flicker*

die **Flakbatterie, -n** *anti-aircraft fire*

die **Flamme, -n** *flame*

flammen *to blaze*

das **Fläschchen, -** *little bottle*

der **Fleck, -en** *spot*

fleißig *hard-working*

flicken *to mend*

die **Fliege, -n** *fly*

fliegen *to fly*

das **Fliegergeschwader, -** *airplane squadron*

fliehen *to flee*

flogen: fliegen *to fly*

die **Flosse, -n** *fin*

die **Flucht** *flight*

flüchtig *fleeting; cursory (glance);* **flüchtig lesen** *to skim*

der **Flug, ⸚e** *flight*

der **Flügel, -** *wing*

das **Flugzeug, -e** *airplane*
die **Flur, -en** *field*
der **Fluss, ⁐e** *river*
die **Flut, -en** *flood*
fluten *to flood*
folgen *to follow*
folgend- *following*
förmlich *literally; formally*
forschen *to search; to inquire*
fort *away*
fortjagen *to chase away*
fortreißen *to carry away*
fortrennen *to run away*
fortschicken *to send away*
die **Frage: eine Frage stellen** *to ask a question*
fragen *to ask*
Frankreich *France*
französisch *French*
frech *brazen*
die **Freiheit** *freedom; liberty*
der **Freiherr, -en** *baron*
die **Freizeit** *free time*
die **Fremde** *foreign parts*
der **Fremde, -n** *stranger*
die **Fremdsprache, -n** *foreign language*
die **Freude, -n** *joy;* **jemandem eine Freude machen** *to make someone happy; to give pleasure*
freudig *joyous*
s. **freuen über** (acc) *to be happy about*
der **Freund, -e** *friend*
die **Freundin, -nen** *girlfriend*
freundlich *friendly*

der **Frevler, -** *evildoer*
froh *happy*
frohlocken *to rejoice*
die **Frucht, ⁐e** *fruit*
früh *early*
früher *earlier; before*
der **Frühling** *spring*
führen *to lead*
führend *leading*
der **Fuhrherr** *coachman*
fünfstellig *five-digit*
der **Funke, -n** *spark*
funkelnd *sparkling*
furchtbar *terrible*
fürchten *to be afraid*
der **Fuß, ⁐e** *foot*
füttern *to feed*
Futur: das zweite Futur *the future perfect*

die **Gabe, -n** *gift*
die **Gabel, -n** *fork*
der **Gabelgriff** *fork handle*
das **Gähnen** *yawn*
die **Gänsefüßchen** (pl) *quotation marks*
ganz- *whole*
das **Ganze** *entirety*
die **Garderobe, -n** *cloakroom*
die **Gartengeräte** (pl) *gardening tools*
der **Gast, ⁐e** *guest*
der **Gastarbeiter, -** *immigrant worker*
der **Gaukler, -** *juggler*
der **Gaul, ⁐e** *horse; nag*

geben: nichts mehr darum geben *not to care about this*
gebessert (pp) *improved*
gebeten (pp) *asked; begged*
geboren *born*
gebrauchen *to use*
das **Gebrüll** *roar*
der **Geburtstag, -e** *birthday*
das **Gedächtnis** *memory*
gedämpft (pp) *hushed*
der **Gedanke, -n** *thought*
Gedanken: s. Gedanken machen *to worry about*
gedankenlos *thoughtless; inconsiderate*
das **Gedeck, -e** *table setting*
gedehnt sagen *to say with a drawl*
das **Gedicht, -e** *poem*
geduldig *patient*
die **Gefahr, -en** *danger*
gefährlich *dangerous*
das **Gefälle** *fall*
die **Gefangenschaft** *captivity*
geflohen (pp) *fled*
das **Gefühl, -e** *feeling*
die **Gefühlsäußerung, -en** *expression of feeling*
gefüllt (pp) *filled*
gegangen (pp) *gone*
gegeben (pp) *given*
die **Gegend, -en** *area*
gegenseitig *each other; mutual*
der **Gegenstand, ⁐e** *object; thing*
geheimnisvoll *secret; mysterious*
gehören *to belong to*

der **Gehorsam** *obedience*

der **Gehsteig, -e** *sidewalk*

geht: es geht darum zu *it's a question (or matter) of*

geht: Es geht nicht. *It's not possible.*

geistig *intellectual*

gekleidet *dressed*

gelangen *to reach*

gelassen *calm(ly)*

die **Gelegenheit, -en** *opportunity*

die **Geliebte, -n** *beloved*

gellen *to ring out*

gelobt (pp) *praised*

gelogen (pp) *lied*

gelten lassen *to accept*

gelungen (pp) *succeeded*

das **Gemälde, -** *painting*

gemeint sein *meant to be*

das **Gemüse** *vegetables*

der **Gemüseladen, ⁝** *produce store*

das **Gemüt, -er** *mind; disposition*

genau *exact(ly)*

das **Generve** *bother*

genießen *to enjoy*

genug *enough*

genügen *to be enough*

das **Gepäck** *luggage; baggage*

gepfiffen (pp) *whistled*

geplatzt (pp) *burst*

gerade *straight*

das **Gerät, -e** *gadget; tool*

geraubt (pl) *plundered*

das **Geräusch, -e** *noise*

gerauscht (pp) *rustled*

gereifet = gereift (pp) *ripened*

gereimt (pp) *rhymed*

das **Gericht, -e** *court*

geriet: in Gefangenschaft geraten *to be taken prisoner*

die **Germanistik** *German language and literature*

geruhsam *leisurely; peaceful*

gerülpst (pp) *burped*

gesagt (pp) *said*

der **Gesang** *singing*

geschafft haben *to have succeeded*

das **Geschäft, -e** *business*

geschändet (pp) *disgraced*

geschehen *to happen*

das **Geschehen, -** *incident, event, action*

geschehn: Es ist um ihn geschehn. *He is doomed.*

der **Geschenkvorschlag, ⁝e** *suggestion for a present*

die **Geschichte, -n** *history; story*

geschliffen (pp) *cut (glass)*

geschlossen (pp) *closed*

geschmackvoll *in good taste; stylish*

geschüttelt (pp) *shaken*

geschwind *fast*

die **Geschwister** (pl) *brothers and sisters*

die **Gesellschaft, -en** *society*

Gesellschaft: jemandem Gesellschaft leisten *to keep someone company*

gesichert (pp) *secured*

das **Gesicht, -er** *face*

das **Gespräch, -e** *conversation*

gestalten *to shape*

gestanden (pp) *confessed*

die **Geste, -n** *gesture*

das **Gestell, -e** *rack*

gestern *yesterday*

gestochen (pp) *stung*

gestohlen (pp) *stolen*

das **Gesträuch** *bushes* (pl); *shrubbery*

gesund *healthy*

die **Gesundheit** *health*

geteilt (pp) *divided; shared*

das **Getöse** *noise*

getreu *loyal*

getrost *safely*

gewachsen (pp) *grown*

gewählt (pp) *chosen*

die **Gewalt** *power; control*

gewaltig *enormous*

gewillt sein *to be willing*

der **Gewinner, -** *winner*

gewiss *certain(ly)*

das **Gewitter, -** *thunderstorm*

gewitternd *volatile (expression)*

s. **gewöhnen an** (acc) *to get used to*

gewöhnlich *usually*

das **Gewühl** *crowd*

gezwungen sein *to be forced to*

ging: Es ging um *it was at stake*

der **Gipfel, -** *hilltop*

die **Gitarre, -n** *guitar*

das **Glas, ⁝er** *glass*

die **Glasplatte, -n** *glass top*

glatt *smooth; straight (hair)*

glauben *to believe; to think*

gläubig *devout; religious*

gleich *same; equal*

die **Gleichberechtigung** *equality*

gleichsam *so to speak; as it were*

gleichwohl berechnen *to charge the same*

gleichzeitig *simultaneous(ly); at the same time*

das **Gleis, -e** *track*

das **Glied, -er** *limb; joint*

glitt: gleiten *to glide*

das **Glück** *luck*

Glück haben *to be lucky*

glücklich *happy*

glühend *glowing*

die **Glut** *glow*

der **Gott, ¨er** *god*

der **Götterfunken** *spark of divinity*

die **Gottheit** *deity; divinity*

s. **graben in** (acc) *to dig into*

die **Grafik, -en** *artwork*

das **Gramm** *gram*

das **Gras** *grass*

grässlich *horrible*

gratulieren *to congratulate*

das **Grauen** *horror*

der **Graus** *horror; dread*

der **Greis, -e** *old man*

greulich *horrible*

die **Grille** *moodiness*

grimmig *grim; fierce*

grob *rough(ly); coarse; crude*

der **Groschen** *former Austrian coin*

die **Großbaustelle, -n** *large construction site*

die **Größe, -n** *height*

größer *taller; bigger*

großziehen *to raise*

die **Großzügigkeit** *generosity*

grün *green*

der **Grund, ¨e** *ground; reason;* **im Grunde** *down at the bottom;* **Grund haben** *to have reason*

Grunde: zu Grunde liegen *to be based on*

gründlich *thorough(ly)*

die **Grundlosigkeit** *groundlessness*

die **Gruppe, -n** *group*

das **Gruppenbild, -er** *group photo*

grüßen *to greet*

gucken *to look*

gülden *golden*

die **Gunst** *favor*

das **Gymnasium, Gymnasien** *(German academic) high school*

das **Haar, -e** *hair*

die **Haarspitze, -n** *hair end*

die **Habe** *belongings* (pl)

der **Haifisch, -e** *shark*

halb *half*

half: helfen *to help*

die **Halle, -n** *hall; station*

der **Hals, ¨e** *throat*

halt machen *to stop*

halten von *to think of*

die **Haltestelle, -n** *stop*

s. **handeln um** *to be about, to concern*

die **Handfläche, -n** *palm (of one's hand)*

der **Handschuh, -e** *glove*

die **Handwerksleute** (pl) *craftsmen*

das **Handy, -s** *cell phone*

haschen *to play catch*

hassen *to hate*

hastig *hurried*

der **Hauch** *breath; breeze*

häufen *to pile*

Haufen: über den Haufen werfen *to throw into the wind*

häufig *frequently*

das **Haupt, ¨er** *head*

der **Hauptbahnhof, ¨e** *main train station*

der **Hauptgedanke, -n** *main thought*

das **Hauptgericht, -e** *main course*

die **Hauptsache** *main thing*

der **Hausbesitzer, -** *property owner*

die **Haut** *skin*

heben *to lift*

das **Heft, -e** *notebook*

die **Heide, -n** *heath*

das **Heidenröslein, -** *briarrose*

heilig *holy*

das **Heiligtum, ¨er** *sanctuary*

die **Heimat** *home; homeland*
die **Heimkehr** *return*
heimkommen *to come home*
heimlich *secret(ly)*
das **Heimweh** *homesickness*
heiraten *to marry*
heiß *hot*
heißen *to be called; to mean*
heiter *cheerful*
die **Heiterkeit** *cheerfulness*
der **Held, -en** *hero*
heldenmütig *courageous*
hell *bright*
herausholen *to get out*
herauskotzen *to vomit*
heraussuchen *to choose*
herb *bitter; severe*
der **Herbstduft, ⸚e** *smell of autumn*
das **Herkommen** *tradition*
die **Herkunft** *origin*
das **Herrenhaus** *manor*
das **Herrenoberhemd, -en** *man's shirt*
herrlich *fantastic*
herstellen *to create; to produce*
herstellen: eine Verbindung herstellen *to make a connection*
herumgehen *to walk around*
herumheulen *to cry all over the place*
hervorbringen *to produce; to utter*
hervorrufen *to cause*
hervortreten *to bulge (eyes)*

das **Herz, -en** *heart*
heulen *to cry*
heut = heute *today*
heutig *of today; today*
heutzutage *these days; nowadays*
der **Heuwagen, -** *haywagon*
hilflos *helpless*
der **Himmel, -** *sky;* **unter freiem Himmel** *under the open sky*
himmlisch *heavenly*
hinabsteigen *to climb down*
hinaustreiben *to drive out*
hineintreten *to enter*
hineintunken *to dip in*
hingehören *to belong to*
das **Hinterhaus, ⸚er** *building in back*
der **Hinterkopf** *back of the head*
hinuntersteigen *to climb down*
der **Hinweis, -e** *hint*
hinzuzählen *to add to*
das **Hirn, -e** *brain*
der **Hirte, -n** *herdsman*
die **Hitze** *heat*
hob: heben *to raise*
hochgesteckt (pp) *(hair) pulled up*
hochhalten *to hold high*
hochschnellen *to shoot up*
höchstens *at the most*
der **Hocker, -** *stool*
Hof: bei Hof *at court*
hoffentlich *hopefully*

hoffnungsvoll *hopeful; promising*
die **Höhe, -n** *height; importance*
höher *higher*
der **Hohn** *scorn*
hold *lovely; sweet*
Holland *The Netherlands*
höllisch *hellish*
das **Holz** *wood*
der **Honig** *honey*
der **Hops** *skip; hop*
hören *to hear*
der **Hörer, -** *listener*
das **Hörspiel, -e** *radio play*
hub: heben *to lift*
hübsch *pretty*
der **Hügel, -** *hill*
das **Huhn, ⸚er** *chicken*
huldigen *to pay homage*
der **Hund, -e** *dog*
hungern *to go hungry*
hungrig *hungry*
hüpfen *to hop; to jump*
der **Hut, ⸚e** *hat*
s. **hüten vor** (dat) *to guard against*

die **Idee, -n** *idea*
identifizieren *to identify*
ihr *her*
die **Illustrierte, -n** *magazine*
imponieren *to impress*
der **Ingenieur, -e** *engineer*
der **Inhalt** *content(s)*
inmitten *in the middle of*

innen und außen *inside and out*

innere *internal*

das Innere *inside*

insbesondere *particularly*

insgeheim *secretly*

insofern *as far as that goes*

das Interesse, -n *interest*

die Interpretation, -en *interpretation*

irgendetwas *something*

irgendwie *somehow*

irgendwo *somewhere*

irre *confused; confusedly*

irren *to wander; to roam*

Italien *Italy*

italienisch *Italian*

das Jahr, -e *year*

das Jahrhundert, -e *century*

jammern *to complain*

jauchzen *to cheer*

je ... desto *the ... the*

jed- *every; each*

jedenfalls *in any case*

jedermann *everybody*

jedesmal *every time*

jeglich- *every*

jemand *somebody*

jener *that one*

johlen *to yell*

der Jubel *rejoicing; cheering*

jüdisch *Jewish*

die Jugend *youth*

der Junge, -n *boy*

der Jüngling, -e *young man*

jüngst- *youngest*

der Kahn, ̈e *boat*

der Kai *wharf*

kam: kommen *to come*

die Kammer, -n *room*

die Kampfbegier *desire to fight*

kämpfen *to fight*

das Kampfspiel *contest*

die Kanalküste *coast of (English) Channel*

das Kanapee *sofa*

der Kanonendonner *thunder of cannons*

die Kapelle, -n *orchestra*

das Kapitel, - *chapter*

das Kartoffelkraut *leaves of the potato plant*

der Kasten, ̈ *box*

die Katze, -n *cat*

der Kaufmann, (pl) Kaufleute *salesman*

kaum *hardly*

keck *daring*

die Kehle, -n *throat*

kehren *to turn*

der Keller, - *basement*

kennen lernen *to get to know*

die Kenntnis, -se *knowledge*

Kenntnis: zur Kenntnis nehmen *to take note of*

das Kind, -er *child*

die Kinderwiege, -n *cradle*

das Kissen, - *pillow*

der Klang, ̈e *sound*

klang: klingen *to sound*

die Klappe halten *to shut up*

klappen *to work out*

klar *clear*

das Kleeblatt, ̈er *cloverleaf*

klein *small; little*

die Kleinigkeit, -en *trifle; little thing*

klingeln *to ring*

das Klirren *rattling*

klirren *jingle*

klopfen *to knock; (heart) to beat*

der Knab = Knabe *boy*

das Knallen *banging*

der Knecht, -e *servant; farmhand*

das Knie, - *knee*

knistern *to rustle; to crackle*

die Knospe, -n *bud*

die Köchin, -nen *cook (female)*

die Kolbenweite *piston diameter*

Köln *Cologne*

komisch *strange*

komponieren *to compose*

der Kompromiss, -e *compromise*

konflikthaft *full of conflict; troublesome*

der König, -e *king*

das Königsmahl *royal banquet*

können *to be able to*

könnte *could*

kontrollieren *to control, to check up on*

das **Konzentrationslager, -** *concentration camp*

das **Kopfnicken** *nod of head*
kopfunten *head down*

der **Korb, ⸚e** *basket*

die **Korbflechterin, -nen** *basket weaver*
körperlich *physical*

der **Korridor** *hallway*

das **Krachen** *banging*
krächzen *to croak*

die **Kraft, ⸚e** *strength*
kräftig *strong(ly)*

der **Kragen, -** *collar*

die **Krähe, -n** *crow*

das **Krähenfüßchen, -** *crows' feet*

s. **krampfen** *cramp up*

der **Kran, ⸚e** *crane*

der **Kranführer, -** *crane operator*

das **Krankenhaus, ⸚er** *hospital*

der **Kranz, ⸚e** *circle; ring*
kreieren *to create*

der **Kreis, -e** *circle*

der **Krieg, -e** *war*

die **Krone, -n** *crown*

die **Küche, -n** *kitchen*

der **Kuchen, -** *cake*

die **Kuh, ⸚e** *cow*
kühl *cool*

die **Kühle** *coolness*

der **Kühlschrank, ⸚e** *refrigerator*

der **Kummer** *worry*

s. **kümmern um** (acc) *to take care of*

der **Kumpel,-** *buddy*
künden *to proclaim*

die **Kunst, ⸚e** *art*

das **Kunstgebilde, -** *artistic creation*

der **Künstler, -** *artist*
künstlerisch *artistic*
kurz *brief*

die **Kurzgeschichte, -n** *short story*
kürzlich *recently*

der **Kuss, ⸚e** *kiss*
küssen *to kiss*

laben *to refresh*
lächeln *to smile*
lachen *to laugh*
lächerlich *ridiculous*

der **Laden, ⸚** *store*
lag: liegen *to lie;* **es liegt daran** *the reason is*

die **Lage, -n** *situation; position*

die **Lampe, -n** *lamp*

der **Landeskundeartikel, -** *cultural explanation*

der **Landtag** *state parliament*

die **Langeweile** *boredom*
langsam *slow(ly)*

s. **langweilen** *to be bored*
langweilig *boring*
lärmen *to make noise*
lassen *to let; to allow*

die **Last** *burden; load*
lästern *to criticize*

der **Lauf** *course*
laufen *to run*
lauschen *to listen*

der **Laut, -e** *sound*

läuten *to ring*

das **Leben** *life;* **das Leben schenken** *to give birth*
lebendig *lively*

die **Lebenserfahrung, -en** *experience of life*

die **Lebensgewohnheiten** (pl) *way of life*

der **Lebenslauf** *life story*

die **Lebensmittel** (pl) *groceries*

das **Leder** *leather*
leer *empty*
leer trinken *to empty*

s. **legen** *to lie down*

die **Legende, -n** *legend*

die **Lehre** *apprenticeship*
lehren *to teach*

der **Lehrer, -** *teacher*

der **Lehrstuhl** *academic chair*

der **Leib, -er** *body*
Leib: s. etwas vom Leib schreiben *to get things off one's chest*
leichenstill *deadly silent*
leicht: leicht ums Herz *to feel relieved*

das **Leid** *suffering; sorrow*
Leid: Es tut mir Leid. *I am sorry.*
leiden *to suffer*

das **Leiden, -** *suffering*
leider *unfortunately*
leidlich *tolerably*
leise *soft* (voice)
leiten *to direct*

die **Leiterin, -nen** *head; director*

der **Lektor, -en** *editor*

der **Lenz** *spring; easy time*

der **Leopard, -en** *leopard*

die **Lerche, -n** *lark*

lernen *to learn*
lesbar *legible; readable*
lesen *to read*
der Leser, - *reader*
letztens *finally; the other day*
der Leu = Löwe *lion*
leuchten *to shine; to glow*
die Leute (pl) *people*
das Licht, -er *light*
der Lidschlag *blink*
lieben *to love*
liebend *loving*
die Liebesaffäre, -n *love affair*
das Liebesweh *lovesickness*
die Liebste *beloved*
liebsten: am liebsten *rather*
das Lied, -er *song*
lief: laufen *to run*
die Lieferung, -en *delivery*
liegen *to lie*
ließ: lassen *to let*
die Linde, -n *linden tree*
lindern *to soothe*
der Lindwurm *dragon*
die Linie 27 *bus number 27*
linksgerichtet *left-wing*
die Lippe, -n *lip*
der Liter,- *liter*
das Lob *praise*
locken *to lure*
lodern *to blaze*
löffeln *to spoon (up)*
die Lohntüte, -n *pay envelope*
das Lokal, -e *restaurant*
die Lokomotive, -n *engine*
lösen *to break; to undo*
s. lösen *to disentangle*
losfahren *to drive off*

der Löwe, -n *lion*
der Löwengarten *lion-court*
die Lücke, -n *blank*
lückenlos *complete; unbroken*
die Luft *air*
die Lust *desire; craving*
der Lustgarten, ⸚ *pleasure grounds* (pl)
lustig *funny*

die Machine, -n *machine*
die Macht, ⸚e *power*
macht: Es macht nichts. *It doesn't matter.*
mächtig *mighty*
das Machtverhältnis, -se *position of power*
das Mädchen, - *girl*
der Magen *stomach*
der Magier, - *conjuror; magician*
die Mahlzeit, -en *meal*
die Mähne, -n *mane*
die Maid, -en *girl*
Mal: mit einem Mal(e) *all of a sudden*
Mal: zum letzten Mal *for the last time*
manch- *some*
mancher: so mancher Mann *a number of men*
manchmal *sometimes*
mangeln an (dat) *to want for*
mangelnd *lacking*

die Mannschaft, -en *team*
das Märchen, - *fairy tale*
die Marmelade *marmalade*
marokkanisch *Moroccan*
Masche: die Masche sein *to be easy*
die Maske, -n *mask*
die Maßnahme, -n *measure*
die Mattheit *dimness*
das Meer, -e *sea*
der Meeresgrund *bottom of the sea*
mehr *more*
mehrer- *several*
mehrmals *several times*
mein *my*
meinen *to think*
die Meinung, -en *opinion*
meist- *most*
meistens *most of the time*
melden *to report*
die Meldung, -en *announcement*
die Menge *crowd*
der Mensch, -en *human; person*
die Menschenlist *human cunning*
die Menschenmenge, -n *crowd*
merken *to notice*
merkwürdig *strange(ly)*
das Messer, - *knife*
das Metall, -e *metal*
die Miene, -n *expression; face*
der Milchmann, ⸚er *milkman*
minderjährig *underage*
mindestens *at least*
misstrauisch *distrustful; wary*

mitbringen *to bring along*

miteinander *together*

das **Mitleid** *pity; compassion*

mitmachen *to participate*

mitmarschieren *to march along*

mitreden *to have a say*

der **Mittag** *lunch; noon*

die **Mittagspause, -n** *lunch break*

mitteilen *to tell*

die **Mitteilung, -en** *communication; announcement*

das **Mittel, -** *means*

das **Mittelalter** *Middle Ages, medieval times*

mittels *by means of*

mitten auf (dat) *in the middle of*

die **Mitternacht** *midnight*

möchten *would like to*

die **Mode** *fashion; custom*

das **Modejournal, -e** *fashion magazine*

das **Modell, -e** *model*

möglich *possible*

die **Möglichkeit, -en** *possibility*

der **Monat, -e** *month*

der **Mond** *moon*

monoton *monotonous*

der **Mops, ⸚e** *pug (dog)*

die **Mordsucht** *eagerness to kill*

der **Morgen, -** *morning*

das **Morgenrot, ⸚e** *dawn; sunrise*

morgenschön *beautiful as the morning*

der **Morgenschuh** *slipper*

die **Moritat, -en** *street ballad*

die **Mücke, -n** *mosquito*

müde *tired*

die **Müdigkeit** *tiredness*

das **Mühlenrad, ⸚er** *water wheel*

multiplizieren *to multiply*

München *Munich*

der **Mund, ⸚er** *mouth*

murmelnd *murmuring*

murrend *grumbling*

müssen *to have to*

mustern *to inspect*

der **Mut** *courage*

mutig *brave*

die **Muttersprache, -n** *native tongue*

nach Hause bringen *to take home*

die **Nachbarin, -nen** *neighbor* (female)

nachdem *after*

die **Nachdenklichkeit** *pensiveness*

nachdrücklich *emphatic; emphatically*

die **Nachforschung, -en** *research*

nachgeben *to relent; to yield*

nachhallen *to echo*

nachher *afterward*

die **Nachkriegszeit, -en** *postwar era*

nachlassen *to let up*

die **Nachricht, -en** *news*

nachrufen *to call after someone*

nachsagen: jemandem etwas nachsagen *to claim something of someone*

nachsehen *to gaze after someone or something*

nachsehen: jemandem nachsehen *to gaze after someone*

nächst- *next*

die **Nacht, ⸚e** *night*

die **Nachtigall, -en** *nightingale*

nächtlich *nightly*

nachts *at night*

nachvollziehen *to understand*

nachweisen *to show (proof of)*

nackt: nackte Tatsachen *(cold) hard facts*

die **Nadel, -n** *needle*

nah *close*

die **Nähe** *nearness; proximity*

s. **nahen** *to approach*

näher- *closer, more detailed*

s. **nähern** *to approach*

die **Nahrung** *food*

die **Narbe, -n** *scar*

der **Narr, -en** *fool*

närrisch *foolish*

die **Natur** *nature*

natürlich *of course*

naturwissenschaftlich *scientific*

nebeneinander *next to each other*

neidig *envious*

die **Neigung, -en** *inclination; tendency*

die **Nennung, -en** *mentioning*

nett *nice*

das **Netz, -e** *Internet*

netzen *to wet; to moisten*

neulich *recently*

nicht mehr *no longer*

nichtig *inconsequential*

die **Nichtigkeit, -en** *triviality*

das **Nichts** *nothing*

nicken *to nod*

nie *never*

nieder *low; inferior*

s. **niederbeugen** *to bend down*

niedergesunken *collapsed*

s. **niederlegen** *to lie down*

niedrig *low*

niemals *never*

niemand *nobody*

nimmer *never*

nippen *to sip*

nirgends *nowhere*

der **Nobelpreis, -e** *Nobel Prize*

noch einmal *once again*

nochmals *once more*

die **Not, ⁻e** *poverty; need; anguish*

nötig *necessary;* **etwas nötig haben** *to need something*

die **Notiz, -en** *note*

Nu: im Nu *in no time*

nun *now*

nur *only; just*

nützlich *useful*

der **Oberstatistiker, -** *supervising statistician*

obgleich *although*

das **Objekt, -e** *object*

obwohl (conj) *although*

die **Öde** *wasteland; dreariness*

offensichtlich *obvious(ly)*

öffentlich *public*

der **Offizier, -e** *officer*

öffnen *to open*

oft *often*

öfters *quite often*

ohne *without*

ohnehin *anyway*

ohnmächtig *unconscious(ly)*

das **Ohr, -en** *ear*

Ohren: abstehende Ohren *protruding ears*

die **Ohrfeige, -n** *slap*

ölverschmutzt *grease-stained*

das **Opfer, -** *victim*

der **Orden, -** *medal*

die **Ordnung** *order*

der **Ort, -e** *place; location*

(das) **Österreich** *Austria*

der **Ozean, -e** *ocean*

das **Paar, -e** *pair; couple*

paar: ein paar *a few*

packen *to pack*

der **Palast, ⁻e** *palace*

das **Paradies** *paradise*

das **Parfüm, -e** *perfume*

der **Pass, ⁻e** *passport*

der **Passant, -en** *passerby*

passend *suitable*

passieren *to happen; to pass by*

pausieren *to take a break*

der **Perser, -** *Persian*

die **Personenbeschreibung** *personal description*

die **Persönlichkeit, -en** *public figure*

die **Pest** *plague*

der **Pfad, -e** *trail; path*

der **Pfarrer, -** *priest*

die **Pferdeblume, -n** *type of flower*

der **Pferdewagen, -** *horse-drawn carriage*

die **Pflanze, -n** *plant*

pflegen *to cultivate; to take care of*

die **Pflicht, -en** *duty*

das **Plastik** *plastic*

platt *flat*

die **Platte, -n** *record*

der **Plattenspieler, -** *record player*

der **Platz, ⁻e** *place; site*

plötzlich *suddenly*

plump *ungainly*

der **Polier, -e** *foreman*

die **Polizei** *police*
populär *popular*
das **Portmonnaie, -s** *change purse*
der **Posten, -** *post; position*
prächtig *splendid*
der **Preis, -e** *price; prize*
die **Professur, -en** *professorship; chair*
die **Prosa** *prose*
prozentual *proportional*
prozentualer Verschleiß *margin of error*
prozentualisieren *to calculate percentage*
prüfen *to inspect*
die **Prüfung -en** *exam*
der **Publizist, -en** *journalist*
der **Puff, ⁻e** *poke*
pünktlich sieben Uhr *at seven o'clock sharp*
der **Purzelbaum, ⁻e** *somersault*

das **Quartier, -e** *accommodation*
die **Quelle, -n** *source*
quer *crosswise*

der **Rachen, -** *jaw*
der **Ramsch** *rubbish*
der **Rand, ⁻er** *rim; edge*

der **Rangierbahnhof** *switchyard*
rankommen an jemanden *to reach someone*
der **Rappen, -** *name of Swiss coin*
rasch *quickly*
das **Rathaus, ⁻er** *city hall*
die **Ratlosigkeit** *helplessness*
rauchen *to smoke*
der **Raum, ⁻e** *room*
rauschen *to roar*
rauschen: rauschte *to rush: rushed*
rausnehmen *to remove*
reagieren *to react*
die **Realschule, -n** *type of German high school*
die **Rechenmaschine, -n** *calculator*
rechnen *to calculate*
Recht tun *to do right*
das **Recht, -e** *right*
recken *to stretch*
die **Rede, -n** *speech;* **der Rede wert sein** *to be worth speaking about*
redigieren *to edit*
regelmäßig *regular*
der **Regen** *rain*
der **Regisseur, -e** *director*
die **Regung, -en** *movement; stirring*
das **Reich, -e** *empire*
der **Reif, -e** *circle*
reifen *to ripen*
die **Reihe, -n** *series, row*
der **Reim, -e** *rhyme*
das **Reimwort, ⁻er** *rhyming word*

reinigen *to clean*
das **Reisegepäck** *thru-luggage*
reisen *to travel*
reißen *to tear*
der **Reiter, -** *horseman*
religiös *religious*
die **Rempelei, -en** *pushing*
renommiert *highly acclaimed*
reparieren *to repair*
das **Repertoire, -s** *repertory*
repräsentieren *to represent*
revidieren *to revise*
das **Rezept, -e** *recipe*
der **Rhein** *Rhine*
der **Rhythmus, Rhythmen** *rhythm*
s. **richten auf** *to turn toward*
richtig *correct(ly); real(ly); genuine(ly)*
rieb: reiben *to rub*
riefen: rufen *to call*
riesig *enormous*
Ringelrein = Ringelreihen *ring around the rosies*
das **Ringlein, -** *small ring*
rings um (acc) *all around*
ringsherum *all around*
rissen: reißen *to tear*
der **Ritter, -** *knight*
der **Roman, -e** *novel*
die **Romantik** *Romanticism*
romantisch *romantic*
die **Romanze, -n** *romance*
rosig *pink*
das **Röslein, -** *small rose*
rot *red*

die **Routine** *routine*
der **Rücken** *back*
die **Rückenansicht** *view of back*
das **Rückenmark** *bone marrow*
der **Rucksack, ⸚e** *backpack*
rücksichtslos *inconsiderate*
Rücksichtsnahme: unter Rücksichtsnahme (auf) *considering*
rückwärts *backward*
rudern *to row*
die **Ruh = Ruhe** *peace; calm*
die **Ruhelosigkeit** *restlessness*
ruhen *to rest*
ruhevoll *peaceful*
die **Runde** *group; circle*
rupfen *to pluck* (fowl)
die **Rute, -n** *rod; reed*
rüttelnd *rattling*

der **Saal, Säle** *hall*
die **Sache, -n** *thing*
Sachsen *Saxony*
sachte *gently*
säen *to sow*
die **Sage, -n** *legend; saga*
sahn: sehen *to see*
die **Salve, -n** *volley; salvo*
samt allem *together with everything*
sanft *gentle*
sanitär *sanitary*
sann: sinnen *to reflect*

saßen: sitzen *to sit*
der **Satz, ⸚e** *sentence*
der **Satzanfang, ⸚e** *beginning of a sentence*
sauber *clean*
saufen *to drink*
der **Saum, ⸚e** *seam*
sausen *to whistle; to whiz*
die **S-Bahn** *rapid transit train*
die **Schachtel, -n** *box; pack* (of cigarettes)
Schade! *Too bad!*
schaffen *to create*
der **Schaffner, -** *conductor*
die **Schale (Cognac)** *glass (of cognac)*
schallen *to echo*
die **Schar, -en** *crowd*
scharf *sharp; keen* (eyes)
scharf sein auf (acc) *to be keen on*
die **Schattenfrau, -en** *phantom*
der **Schattenmann, ⸚er** *phantom*
schäumend *foaming*
der **Schauplatz, ⸚e** *scene*
der **Schauspieler, -** *actor; performer*
der **Schausteller, -** *performer*
scheinen *to shine*
der **Schenkel, -** *thigh*
schenken *to give*
der **Scherz, -e** *joke*
scheu *shy; timid*
die **Scheu** *shyness*
scheuen *to be afraid of*
die **Schicht, -en** *shift; layer*
schicken *to send*
schicksalvoll *fateful*
schieben *to move*

schien: scheinen *to appear; to seem*
die **Schiene, -n** *track*
schießen *to shoot*
die **Schießerei, -en** *shooting*
schimmernd *shining*
die **Schlacht, -en** *battle*
schlafen *to sleep*
der **Schlag (der Uhr)** *strike (of the clock)*
schlagen *to beat*
schlank *slim*
schlau *clever*
der **Schleier, -** *veil*
schleppen *to drag*
schleudern *to fling; to hurl*
schlicht und einfach *plainly*
schlief: schlafen *to sleep*
schließlich *after all; at the end*
schlimmer *worse*
schlingen *to tie; to wrap*
das **Schloss, ⸚er** *castle*
der **Schlosser, -** *mechanic*
schlotternd *trembling*
schlucken *to swallow*
schlug: schlagen *to slap; to strike* (clock)
der **Schlummer** *slumber*
der **Schluss** *end*
der **Schlüssel, -** *key*
schmalverdienend *little-earning*
der **Schmarotzer, -** *sponger*
schmecken *to taste*
der **Schmerz, -en** *pain*
schmerzen *to hurt*
schmieren *to spread* (butter)

schmollen *to sulk*

das **Schnäbelein, -** *little beak*

schnalzen *to click (tongue)*

schnarren *to rasp*

der **Schnee** *snow*

schneien *to snow*

schnell *fast; quick*

der **Schnellzug, ¨e** *fast train*

schnitt: schneiden *to cut*

schnurrend *purring*

schon *already*

schonen *to spare; to take care of*

die **Schönheit** *beauty*

schönst- *most beautiful*

der **Schopf, ¨e** *mop* (of hair)

der **Schrank, ¨e** *cabinet*

schrecklich *terrible*

das **Schreien** *screaming*

der **Schrein, -e** *coffin*

der **Schreiner, -** *carpenter*

die **Schrift, -en** *hand(writing)*

die **Schriftart,-en** *font*

Schriftsteller: freier Schriftsteller *freelance writer*

der **Schritt, -e** *step*

die **Schuhspitze, -n** *toe of the shoe*

Schuld: Schuld haben an *to be at fault*

die **Schulden** (pl) *debt*

der **Schüler, -** *pupil; student*

die **Schulter, -n** *shoulder*

schütteln *to shake*

schützen *to protect*

der **Schutzgeist, -er** *protective spirit*

schwäbisch *Swabian*

schwach *weak*

schwamm: schwimmen *to swim*

schwand: schwinden *to disappear; to dwindle*

schwanken *to sway*

schwärmen *to swarm*

schwarz *black*

schweben *to float; to glide*

schwedisch *Swedish*

der **Schweif, -e** *tail*

schweifen *to rove*

schweigen *to be silent*

die **Schweigende** *the silent one*

schweigsam *quiet*

das **Schwein, -e** *pig*

Schweizer *Swiss*

schwer *heavy; difficult*

die **Schwester, -n** *sister*

die **Schwierigkeit, -en** *difficulty*

schwingen *to swing*

schwirren *to buzz about*

schwoll: schwellen *to swell*

schwören *to swear*

der **See, -n** *lake*

die **Seele, -n** *soul*

der **Seetang** *seaweed*

das **Sehnen** *longing*

s. **sehnen nach** *to long for*

die **Sehnsucht** *longing; yearning*

sehnsuchtsvoll *filled with longing*

die **Seife, -n** *soap*

das **Seil, -e** *rope*

sein *his*

seit *since*

die **Seite, -n** *side*

selbig *same*

selbst *self*

selten *rare*

seltsam *strange; peculiar*

der **Senf** *mustard*

seufzen *to sigh*

s. **sicher sein** *to be sure*

die **Sicherheit** *safety*

sicherlich *surely*

die **Sicherung, -en** *fuse*

der **Sinn** *meaning; purpose*

sinnlos *futile; pointless*

sinnvoll *efficient, meaningful*

die **Situation, -en** *situation*

sitzen *to sit*

der **Sitzplatz, ¨e** *seat*

das **Skizzenheft** *sketchbook*

so genannt *so-called*

sobald *as soon as*

das **Sofa, -s** *couch*

sofort *immediately*

sogar *even*

sogleich *at once*

der **Sohn, ¨e** *son*

solch- *such*

der **Soldat, -en** *soldier*

sollen *should; to be supposed to*

sollte *should*

sondern *but*

das **Sonnenlicht** *sunlight*

der **Sonnenuntergang** *sunset*

sonst *usually; otherwise*

die **Sorge, -n** *worry*

sorgen für *to take care of; to look after*

s. **Sorgen machen** *to worry*

sorgfältig *careful*

sowie *as well as*

sowieso *anyway; in any case*

sparen *to save*

Spaß beiseite! *Seriously, though...*

Spaß: es macht ihm Spaß *he enjoys it*

später *later*

spazieren gehen *to go for a walk*

der **Speisesaal** *dining room*

die **Sperre, -n** *barrier; gate*

die **Spezialität, -en** *specialty*

der **Spiegel, -** *mirror*

spielen: eine Rolle spielen *to play a role*

spielerisch *playful*

der **Spielmann, ⸚er** *minstrel*

die **Spielregeln** (pl) *rules (of the game)*

spitz *pointed*

die **Spitzendecke** *lace tablecloth*

der **Spott** *scorn*

spottenderweis *in a tone of jest*

die **Sprache, -n** *language*

sprichwörtlich *proverbial*

der **Spruch, ⸚e** *saying*

der **Sprung, ⸚e** *jump*

die **Spur, -en** *track; trace*

spüren *to feel; to sense*

die **Staatsbahn, -en** *national railroad*

die **Staatsbürgerschaft** *citizenship*

der **Stab, ⸚e** *stick; staff*

der **Stadtteil, -e** *part of town*

der **Stall, ⸚e** *cowshed; pigpen; barn*

stand: stehen *to stand*

starb: sterben *to die*

stärker *stronger*

starr *fixed; stiff*

starrend *rigid*

die **Statistik, -en** *statistic*

stattfinden *to take place*

stechen *to prick; to stab*

stecken *to put; to stick*

stehen bleiben *to stop*

s. **stehlen aus** *to creep away*

steif *rigid*

das **Steife** *rigidity*

steil *steep*

der **Stein, -e** *rock; stone*

die **Stellung, -en** *position*

der **Stempel, -** *rubber stamp*

das **Stenografieren** *shorthand*

sterben *to die*

der **Stern, -e** *star*

das **Sternenzelt** *heavenly firmament*

stets *always*

stiehlt: sich fortstehlen *to sneak away*

stierer Blick *glassy stare*

stilistisch *stylistic*

still *quiet*

die **Stille** *silence*

die **Stimme, -n** *voice*

stimmen *to be correct*

die **Stimmung, -en** *mood*

stimmungsvoll *evocative*

die **Stirn, -en** *forehead*

der **Stock, ⸚e** *floor*

stöhnen *to groan*

stolz *proud*

s. **stören (an)** *to be bothered by*

störrig *headstrong*

strahlen *to beam; to radiate*

der **Strand, ⸚e** *beach*

die **Straßenbahn, -en** *streetcar*

die **Strecke, -n** *distance*

strecken *to stretch*

streicheln *to stroke; to caress*

streichen über (acc) *to sweep across*

das **Streichholz, ⸚er** *match*

streifen *to touch; to roam*

der **Streifen, -** *stripe*

der **Streit** *argument; quarrel*

streng *strict*

der **Strom, ⸚e** *stream; electricity*

die **Strömung, -en** *current*

die **Strophe, -n** *verse*

der **Strudel, -** *swirl*

ein **Stück, -e** *stretch; piece*

studieren *to study*

der **Stuhl, ⸚e** *chair*

stumm- *silent; mute*

die **Stunde, -n** *hour*

stünde: stehen *to be; to stand*

stundenlang *for hours*

der **Stundenplan, ⸚e** *class schedule*

stürmisch *stormy*

stürzen *to plunge; to fall*

stürzen auf *to pounce on*

suchen *to look for*

sündig *sinful*

der **Supermarkt, ⸚e** *supermarket*

die **Suppenschüssel, -n** *soup tureen*

das **Symbol, -e** *symbol*

das **Tablett, -e** *tray*

das **Tagebuch, ⁻er** *diary*

der **Tagebucheintrag, ⁻e** *diary entry*

die **Tageszeitung, -en** *daily (newspaper)*

taghell *light as day*

täglich *daily; everyday*

die **Tagung, -en** *conference*

das **Tal, ⁻er** *valley*

tapsen *to grope about*

die **Tasche, -n** *bag*

die **Tat, -en** *action; deed*

tat: tun *to do*

die **Tatsache, -n** *fact*

tatsächlich *real(ly); actual(ly)*

die **Tatze, -n** *paw*

der **Tau** *dew*

die **Taube, -n** *dove*

tauschen *to exchange; to trade*

tausend *thousand*

tausendmal *a thousand times*

tausendstimmig *having a thousand voices*

teilen *to share*

der **Teppich, -e** *carpet*

der **Termin, -e** *appointment*

teurer *more expensive*

der **Textauszug, ⁻e** *text excerpt*

das **Textilversandhaus, ⁻er** *textile mail-order house*

die **Textstelle, -n** *passage (in a text)*

die **Theaterwissenschaft, -en** *theory of drama*

thronen *to be enthroned*

ticken *to tick*

die **Tiefe, -n** *depth; abyss*

tiefinnig *deep-felt*

das **Tier, -e** *animal*

das **Tierzeug** *small animals*

der **Tiger, -** *tiger*

der **Tisch, -e** *table*

der **Tischler, -** *carpenter*

die **Tochter, ⁻er** *daughter*

das **Töchterlein, -** *daughter*

der **Tod** *death*

die **Todesglut** *deadly glow*

toll *mad; wild; great*

der **Ton, ⁻e** *sound; note*

der **Topf, ⁻e** *pot*

das **Tor, -e** *gate*

töricht *silly*

töten *to kill*

die **Totenbahre** *deathbed; bier*

totenblass *white as a sheet*

die **Tradition, -en** *tradition*

traf: treffen *to meet*

der **Träge, -n** *lazy person*

tragen *to carry*

tragisch *tragic*

die **Träne, -n** *tear*

trauern *to mourn*

der **Traum, ⁻e** *dream*

der **Träumer, -** *dreamer*

traurig *sad*

die **Traurigkeit** *sadness*

das **Treiben** *goings-on (pl); activity*

die **Trennung** *separation*

die **Treppe, -n** *flight of stairs; staircase*

treu *loyal*

die **Treue** *loyalty*

das **Trinkgeld, -er** *tip*

der **Triumph, -e** *triumph*

die **Trommel, -n** *drum*

die **Trompete, -n** *trumpet*

der **Tross** *retinue*

der **Tröster** *consoler*

trotzdem *in spite of that*

trotzig *defiant*

trüb *dull; sad*

trübsinnig *gloomy; dejected*

trug: tragen *to carry*

die **Truppe, -n** *troop*

das **Tuch, ⁻er** *cloth; scarf*

die **Tüchtigkeit** *efficiency*

s. **tummeln** *to romp around*

der **Tumult** *turmoil; tumult*

türkisch *Turkish*

der **Typus, Typen** *type*

übel dran sein *to be in a bad way*

überaus *exceedingly*

überfüllt *overcrowded*

der **Übergang** *transition*

überhaupt *to all; generally*

überlassen: jemandem etwas überlassen *to leave something to someone*

überleben *to survive*

überlegen *to think about*

s. **überlegen** *to consider; to think*

überlegen sein *to be superior*

übermütig *high-spirited*

übernachten *to spend the night*

übernehmen *to adopt; to take over*

überqueren *to cross*

überraschend *surprising*

überreden *to talk into*

überschauen *to have a clear view*

übersiedeln *to move*

überwältigend *overpowering*

übrig bleiben *to be left*

die **Übrigen** *the rest of the (people)*

übrigens *by the way*

die **Übung, -en** *exercise*

das **Ufer, -** *shore; bank*

das **Uhrwerk** *clockwork*

um ... zu *in order to*

s. **umblicken** *to look around*

umbringen *to murder*

s. **umdrehen** *to turn around*

umfassend *extensive*

die **Umgebung, -en** *environment*

umgehen *to walk around; to circle*

umgehen mit (dat) *to use; to handle; to treat*

umsatteln *to change jobs*

umschlungen: um- schlingen *to embrace*

s. **umsehen** *to look around*

umsonst: nicht umsonst *not without (good) reason*

umsteigen *to change trains*

umwandeln *to transform*

unappetitlich *unappe- tizing; off-putting*

unauffällig *inconspicuously*

unausstehlich *intolerable*

unbedingt *at all costs*

unbekannt *unknown*

die **Unentschlossenheit** *indecisiveness*

die **Unerbitterlichkeit** *relentlessness*

unerfindlich *inexplicable*

unerhört *incredible*

unermüdlich *untiring*

das **Unerwartete** *the unexpected*

unfehlbar *inevitably*

unflätig *lewd*

unfreundlich *unfriendly*

ungeduldig *impatient*

ungeheuer *enormous; dreadful*

das **Ungeheuer, -** *monster*

ungezählt *uncounted*

unglaublich *incredible*

unhygienisch *unsanitary*

unlauter *shady*

unmöglich *impossible; not possibly*

unpünktlich *late; unpunctual*

unsanft *rough*

die **Unschuld** *innocence*

unschuldig *innocent*

unser *our*

der **Unsinn** *nonsense*

unstet *unstable; restless*

die **Untat, -en** *crime*

das **Unterbewusstsein** *subconscious*

untereinander *among each other*

untergebracht (pp) *stored*

die **Unterhaltung** *entertainment*

die **Unterkunft, ̈-e** *quarters; accommodation*

unterlegen sein *to be inferior*

das **Unternehmen, -** *business*

unterrichten *to teach*

der **Unterschied, -e** *difference*

unterschlagen *to hold back; to skip*

untersuchen *to investigate*

die **Unterwäsche** *underwear*

unterzeichnen *to sign*

unumgänglich *unavoidably*

unverhofft *unexpected*

unverschämt *shameless*

unverständlich *incomprehensible*

die **Unvorsichtigkeit** *carelessness*

unzuverlässig *unreliable*

die **Uraufführung** *first performance*

der **Urlaub** *vacation*

die **Ursache, -n** *cause;* **Keine Ursache!** *Don't mention it!*

ursprünglich *originally*

das **Urteil, -e** *judgment*

variieren *to vary*

die **Vase, -n** *vase*

s. **verabschieden** *to say goodbye*

verachten *to despise*

die **Veränderlichkeit** *changeability*

der **Verband, ⁻e** *dressing; bandage*

verbannt (pp) *banished*

verbauen *to use (up) in building*

s. **verbergen (hinter)** *to conceal, hide*

verbeult (pp) *dented*

verbinden *to connect*

verbinden (mit) *to connect (with)*

die **Verbindung, -en** *connection*

Verbindung: in Verbindung bringen mit *to associate with*

verbringen *to spend*

verbunden (pp) *united*

verdeutlichen *to make clear*

verdienen *to earn*

vereinfacht *simplified*

die **Vereinigung, -en** *union; association*

vereinsamt *isolated; grown lonely*

vereint (pp) *united*

verfassen *to write*

verfliegen *to evaporate; to vanish*

verflucht *condemned*

verfolgen *to follow*

vergebens *in vain*

vergehen *to fade away*

vergessen *to forget*

vergießen: Blut vergießen *to shed blood*

verging: vergehen *to pass*

vergleichen *to compare*

verglichen (pp) *compared*

s. **verhalten** *to behave*

das **Verhalten** *behavior*

verhalten *restrained*

das **Verhältnis, -se** *relationship; relation*

die **Verhandlung, -en** *negotiation*

verheiratet *married*

verheißen *to promise*

verkaufen *to sell*

der **Verkäufer, -** *salesperson*

die **Verkäuferin, -nen** *salesperson (female)*

der **Verkehr** *traffic*

das **Verkehrsmittel, -** *means of transportation*

der **Verkehrspolizist, -en** *traffic policeman*

verklang: verklingen *to die away*

verkünden *to announce*

das **Verlangen** *desire; longing*

verlangen *to demand*

verlassen *to leave*

verlegen *embarrassed*

verleihen *to bestow*

s. **verletzen** *to injure oneself*

verletzend *offensively*

s. **verlieren** *to be lost*

verließ: verlassen *to leave; to exit*

verlor: verlieren *to lose*

verloren (pp) *lost*

s. **vermählen** *to get married*

vermitteln *to convey*

die **Vermutung, -en** *guess; presumption*

verneinen *to negate*

vernünftig *reasonable*

veröffentlichen *to publish*

verraten *to reveal*

verrückt *crazy*

verschlagen werden nach (dat) *to end up in*

der **Verschleiß** *wear and tear*

verschlossen *reserved*

s. **verschränken ineinander** *to link*

verschweigen *to keep something (a) secret*

verschwenden *to waste*

verschwimmen *to become blurred*

verschwinden *to disappear*

verschwunden (pp) *disappeared*

versetzt werden *to be transferred*

versprechen *to promise*

Verstand: den Verstand verlieren *to go mad*

s. **verständigen** *to communicate*

das **Verständnis** *appreciation; understanding*

verstärken *to strengthen; to amplify*

das **Versteck, -e** *hiding place*

verstecken *to hide*

verstehen *to understand*

versteint *rocky*

verströmen *to give off; to exude*

verstummen *to fall silent*

versuchen *to try*

die **Versuchung, -en** *temptation*

versunken *sunken; engrossed*

vertonen *to set to music*

Vertrauen: Vertrauen fassen *to begin to trust*

vertraulich *intimate*

die **Vertraulichkeit, -en** *intimacy*

vertraut mit *familiar with; acquainted with*

der **Vertreter, -** *representative*

verursachen *to cause*

vervollständigen *to complete*

das **Verwaltungsgebäude, -** *administrative building*

der **Verwaltungszombie** *administrative zombie*

verwandeln *to transform*

verwaschen (pp) *washed out; faded*

verwegen *bold*

verweilen *to hang out*

verwenden *to use*

die **Verwirrung** *confusion*

verwischt *blurred*

verwöhnt *spoiled*

die **Verwunderung** *surprise; astonishment*

verzählen *to miscount*

verzeihen *to forgive*

verzerrt (pp) *distorted*

der **Vetter, -** *cousin*

viel- *many; much*

vielleicht *perhaps*

der **Vogel, ⁚e** *bird*

das **Vögelein, -** *small bird*

das **Volkslied, -er** *folk song*

volkstümlich *popular; for ordinary people*

voll *full*

voll sein *to be full of*

vollends *completely*

die **Volleyballmannschaft, -en** *volleyball team*

vollständig *complete(ly)*

vor kurzem *recently*

vorangehend *previous*

vorausdenken *to think ahead*

die **Voraussage, -en** *prediction*

voraussagen *to predict*

vorbei *over*

vorbeikommen *to pass by*

s. **vorbereiten** *to prepare*

vorbereitet (pp) *prepared*

vorbestimmt *predestined*

vorfallen *to happen*

der **Vorgang, ⁚e** *incident*

vorgetragen (pp) *recited*

vorhaben *to plan; to have in mind*

vorhanden sein *to exist*

vorher *before; first*

vorkommen *to happen*

der **Vormarsch** *advance*

der **Vormittag** *morning*

vornehm *classy; elegant*

vorschriftsmäßig *according to regulations*

Vorsicht: Es ist Vorsicht am Platz(e). *This calls for caution.*

s. **vorstellen** *to imagine*

die **Vorstellung, -en** *show; performance*

der **Vorübergehende, -n** *passerby*

vorweisen *to show*

das **Vorwissen** *previous knowledge*

das **Vorwort** *foreword*

der **Vorwurf, ⁚e** *reproach*

wagen *to dare*

der **Wagen, -** *car*

wählen *to choose*

während *while; during*

wahrhaftig *really; actually*

die **Wahrheit** *truth*

wahrnehmen *to realize*

wahrscheinlich *probably*

das **Wald, ⁚er** *forest*

waldig *wooded*

Wallung: in Wallung geraten *to boil*

walten *to rule*

der **Walzer, -** *waltz*

die **Wand, ⁚e** *wall*

die **Wanderschaft** *travels; wanderings*

der **Wandersmann, ⁚er** *wanderer*

die **Wange, -n** *cheek*

war: Es war mir *I had a feeling*

warnen *to warn*

warten *to wait*

warum *why*

wässrig *watery*

wechseln *to change; to exchange*

das **Wechselspiel** *steady change*

der **Wecker, -** *alarm clock*

weder ... noch *neither ... nor*

weg sein *to be away*

wegen: Von wegen! *You must be joking!*

wegsterben *to die*

das **Weh** *pain; grief*

das **Weh und Ach** *wailing*

wehen *to blow*

s. **wehren** *to resist*

das **Weib, -er** *woman*

der **Weidenstamm, ¨e** *trunk of a willow*

s. **weigern** *to refuse*

weil (conj) *because*

die **Weile** *while*

weilen *to linger*

der **Wein, -e** *wine*

weinen *to cry*

die **Weise, -n** *tune; manner*

Weise: auf jede Weise *in every way*

weisen *to show;* **weisen auf** (acc) *to point to*

die **Weisheit, -en** *wisdom*

weiß: wissen *to know*

weißnebelig *foggy white*

weit *wide*

weit: es weit bringen *to go far*

weiter *further*

weitererzählen *to repeat*

weiterhin *for the future*

welch- *which*

welkend *wilting*

wellenatmend *breathing the waves*

die **Welt, -en** *world*

weltaufgeschlossen *open-minded*

die **Weltausstellung, -en** *world fair*

der **Weltruhm** *worldwide fame*

wenden *to turn*

wenig *few; little*

weniger *less*

wenigstens *at least*

wenn (conj) *when; if*

die **Werft, -en** *shipyard*

das **Werk, -e** *literary work*

werktags *during the week*

das **Wesen, -** *being*

das **Wetter** *weather*

wichtig *important*

wichtigst- *most important*

widersprechen *to contradict*

widerstehen *to resist*

wie viel *how much*

wiederentdecken *to rediscover*

die **Wiedergabe, -n** *rendering*

wiederholen *to repeat*

die **Wiege, -n** *cradle*

wiegen *to weigh*

Wien *Vienna*

die **Wiese, -n** *meadow*

willkommen *welcome*

s. **winden** (**um**) *to wind (around)*

winken *to wave*

der **Wipfel, -** *treetop*

wirklich *really*

die **Wirklichkeit** *reality*

die **Wirkung, -en** *effect*

der **Wirrwarr** *chaos*

die **Wirtin, -nen** *landlady; proprietress*

der **Wirtschaftsflüchtling, -e** *economic refugee*

das **Wissen** *knowledge*

wittern *to smell; to sense*

die **Witwe, -n** *widow*

der **Witz, -e** *joke*

die **Woche, -n** *week*

das **Wochenende, -n** *weekend*

das **Wogen** *sway*

wohl *well*

das **Wohl** *well-being*

wohlig *pleasant*

der **Wohllaut** *harmony*

wohnen *to live*

der **Wohnsitz** *residence*

die **Wohnungstür, -en** *front door*

s. **wölben** *to bend*

die **Wolke, -n** *cloud*

wollen *to want*

wonnig *lovely; sweet*

das **Wort, -e** or **¨er** *word*

die **Wortbedeutung, -en** *meaning (of a word)*

wörtlich *literal*

wozu *why*

wuchs: wachsen *to grow*

die **Wunde, -n** *wound*

das **Wunder, -** *miracle; wonder*

wunderbar *wonderful*

wunderlich *strange*
die **Würde** *dignity*
würdelos *undignified*
der **Wurf** *throw, toss*
würgen *to choke*
wusste: wissen *to know*
die **Wüste, -n** *desert*
die **Wut** *rage*
wüten *to rage*
wütend *mad; angry*

zag *timid*
zaghaft *timid*
die **Zahl, -en** *number*
zählen *to count*
der **Zahn, ̈e** *tooth*
das **Zanken** *strife*
zart *tender*
zärtlich *tender*
der **Zauber, -** *magic power*
das **Zeichen, -** *signal*
zeichnerisch *graphically*
s. **zeigen** *to show; to show oneself*
die **Zeile, -n** *line*
die **Zeit, -en** *time*
zeitlich *temporal*
die **Zeitung, -en** *newspaper*
das **Zeitungsrascheln**
    rustling of newspaper
zerbrochen (pp) *broken*
zerrissen (pp) *torn*
zerschellen *to be smashed*
zerschellen *to break*
zersprangen: zerspringen *to break, burst*

der **Zettel, -** *note*
ziehen *to wander; to pull*
die **Ziehharmonika**
    concertina; accordion
das **Ziel, -e** *destination; goal*
ziemlich *rather*
die **Ziffer, -n** *digit; figure*
zischen *to hiss*
das **Zitat, -e** *quotation; quote*
zitieren *to quote*
zittern *to tremble*
zog: ziehen *to draw; to pull; to move*
das **Zögern** *hesitation*
s. **zu schaffen machen an** (dat) *to busy oneself with*
zudecken *to cover up*
zuerst *at first*
der **Zufall, ̈e** *coincidence*
zufällig *by chance*
zufrieden *content*
zufrieden sein *to be content*
der **Zug, ̈e** *train*
die **Zugehörigkeit** *affiliation*
zugleich *at the same time*
die **Zukunft** *future*
zunächst *at first*
die **Zunge, -n** *tongue*
zupfen *to pick* (guitar)
zurecht kommen mit (dat) *to get on with*
zurückbleiben *to stay behind*
zurückhaltend *reserved*
zurückkehren *to return*
zurückkommen *to return; to come back*
zurückschlagen *to fold back*

zusammen *together*
zusammenfassen *to summarize*
zusammengebrochen (pp) *collapsed*
das **Zusammenleben**
    co-existence
zusammenpassen *to match*
zusammenrechnen *to add up*
s. **zusammensetzen aus** (dat) *to consist of*
zusammenstoßen *to collide*
s. **zuschnüren** *to constrict*
zuschreiben:
    zugeschrieben werde
    to ascribe to: are being ascribed to
der **Zustand, ̈e** *state; condition*
zustande kommen *to come about*
die **Zutraulichkeit** *trust*
zutreffen *to be true*
zuverlässig *reliable*
s. **zuwenden** *to turn to*
zuwerfen *to slam shut*
zuziehen *to close*
zwang: zwingen *to force*
zwar ..., aber *certainly ..., but*
zwecklos *without purpose*
der **Zweig, -e** *branch*
zweimal *twice*
zweit- *second*
der **Zwilling, -e** *twin*
der **Zwinger** *cage*
zwischen *between*

Answer Key

Kapitel 1

Vor dem Lesen: Übungen

Answers will vary. Possible answers:

❶ Hauptgedanke: Ein Bauer hat viel Arbeit.

❷ Ich glaube, dass *die Arbeit* der Hauptgedanke ist, weil *der Bauer so viel Arbeit hat, dass er kaum seine Familie sieht.*

Beim Lesen: Meine ungezählte Geliebte

❶ **A.** Er zählt Leute, die über die Brücke gehen. Er war im Krieg, und seine Beine sind verletzt.

B. Die Regierung; eine Behörde

C. Ihre Gesichter strahlen; sie legen sich zufrieden ins Bett.

D. Er unterschlägt manchmal eine Zahl. Wenn er Mitleid empfindet, schenkt er ihnen ein paar Zahlen.

E. Wenn er froh ist.

F. Sie multiplizieren, dividieren und prozentualisieren sie.

G. Seine Geliebte. Sein Herz bleibt stehen. Alle Leute, die in dieser Minute passieren.

H. Wenn sie abends auf der anderen Seite des Gehsteigs vorbeikommt.

I. Sie weiß nicht, dass er sie liebt.

J. Vor einer Kontrolle.

K. Der Oberstatistiker hat das Mädchen gezählt, der Mann nicht.

L. Es ging glatt um seine Existenz.

M. Ja. Er sagt, der Mann ist zuverlässig und treu.

N. Dass der Mann zu den Pferdewagen versetzt wird.

O. Es gibt höchstens 25 Pferdewagen am Tag.

P. Er könnte spazieren gehen oder in die Eisdiele gehen und sich das Mädchen anschauen.

Nach dem Lesen: Übungen

❶ 1. d 2. h 3. m 4. o 5. g 6. f
   7. c 8. n 9. p 10. a 11. k 12. q
   13. b 14. i 15. l 16. r 17. e 18. j

❷ 1. klopfen 2. machen 3. erwecken 4. tun
   5. machen 6. empfinden 7. reißen 8. werfen

❸ 1 Masche 2 Lenz 3 höchstens 4 Stunde
   5 Hirn 6 fallen 7 wäre 8 Zwischen
   9 Brücke 10 Eisdiele 11 anschauen
   12 Stück 13 bringen 14 Geliebte

❹ 1. . . . Er zählt seine Geliebte nicht. Der Oberstatistiker hat nur eine Zahl mehr. Der Mann muss jetzt Pferdewagen zählen.

2. . . . Sie weiß nichts von ihm; Sie arbeitet in einer Eisdiele.

3. . . . Sie multiplizieren, dividieren und prozentualisieren das Ergebnis. Sie lieben das zweite Futur. Sie kontrollieren den Mann.

❺ No answers required.

Dies und das

Answers will vary.

Kapitel 2

Vor dem Lesen: Übungen

Answers will vary. Possible answers:

❶ Viele interessante Einzelheiten erzählen. Mit Enthusiasmus sprechen.

❷ *Tolles Wochenende:*
   – viele Freunde besucht
   – im Kino gewesen
   – mit der Familie ein Picknick gemacht
   – auf einer Party gewesen
   Langweiliges Wochenende:
   – nichts unternommen
   – war krank
   – nur im Bett gelegen
   – kein gutes Buch gefunden

Beim Lesen: Heidenröslein / Ein Gleiches

A. Es ist jung und morgenschön.

B. Es sprach: Ich steche dich, dass du ewig denkst an mich.

C. Nein. Der Knabe brach das Röslein; das Röslein stach den Knaben.

D. Es ist ruhig: kein Hauch, die Vögel schweigen.

E. den Tod

F. Ja, sie wird als „schön" und „wunderbar" beschrieben.

G. eher als Sonnenstrahl

H. Durch die Freude der Menschen.

I. Die Liebe.

J. Den Frühling, den Neubeginn von allem.

K. Jeden Moment genießen. Nicht eifersüchtig sein; jeder findet einen Partner.

L. Ein junger Mann spricht zu seiner Geliebten.

M. Unglückliche Liebe.

N. *Answers will vary.*

O. Der Dritte. Er verspricht, sie ewig zu lieben. Der Erste sagt: „würde dich lieben" Der Zweite sagt: „hab . . . geliebt" Der Dritte sagt: „werde dich lieben"

P. Seine Geliebte hat ihn verlassen; er will jetzt die Welt sehen, um sie zu vergessen.

Q. Er will die Heimat, die Geliebte verlassen und vergessen.

R. Die Geliebte, die ihm Nahrung und Leben war.

S. Um Neues zu sehen, und daraus Energie und Lebenslust zu tanken.

T. Man erweitert seinen Horizont und lernt neue Freuden.

Nach dem Lesen: **Übungen**

❶ 1. c   2. i   3. d   4. f   5. g   6. b
7. a   8. j   9. k   10. h   11. e

❷ 1. a   2. c   3. d   4. g   5. i   6. h   7. j
8. f   9. e   10. b

❸ 1. a   2. e   3. c   4. g   5. i
6. h   7. j   8. f   9. e   10. b

❹ No answers required.

❺ 1. Heidenröslein, Nachtigall, Das zerbrochene Ringlein
2. Im wunderschönen Monat Mai, Ein Gleiches

3. Walzer, Ein Gleiches, Der frohe Wandersmann
4. Ein Jüngling liebt ein Mädchen, Der Wirtin Töchterlein

❻ Gefühl, Phantasie, Sehnsucht, Unterbewusstsein und eine stimmungsvolle Umgebung oder Situation. – In allen Gedichten: Gefühl, Sehnsucht

Dies und das

No answer required.

Kapitel 3

Vor dem Lesen: **Übungen**

❶ Possible answers: **a.** schlafen **b.** den Wecker
c. regnete es   **d.** die Mutter es verbot
e. gewinnen

Beim Lesen: **Fünfzehn Minuten nach Sieben**

A. Er ist zu Hause in seiner Wohnung. Er bereitet sich auf den Weg zur Arbeit vor.

B. Den Bus, die S-Bahn (und dann wieder den Bus).

C. Da sind viele Menschen. Sie lesen, schlafen, benutzen ihr Handy oder den Walkman.

D. Sie haben ihn aufs Gymnasium geschickt, damit aus ihm etwas Besseres wird.

E. In einem großen Verwaltungsgebäude.

F. Er beschaut die Passanten, belächelt Socken in Herrensandalen, und er ergötzt sich an gut gewachsenen Frauen.

G. Sie ist blond, so alt und so groß wie er, sie ist geschmackvoll gekleidet, sie hat ein hübsches Gesicht, blaue Augen, lange, glatte Haare.

H. Die Frau lächelt ihm zu, lächelt ihn an, nur ganz kurz.

I. Er freut sich, dass sie ihn angelächelt hat.

J. Er freut sich darauf, dass er sie wieder sehen wird.

K. Ihre Rückenansicht, ihren hüpfenden Schopf, die Jeansjacke, die enge, schwarze Stoffhose, die schwarzen Schuhe mit dem niedrigen Absatz.

L. Der Platz neben ihr ist noch frei. Er setzt sich neben sie.

M. Er sitzt jetzt neben ihr im Bus.

N. Er fühlt sich, als hätte er Strom im Körper.

O. Sie geben sich Zeichen mit den Händen.

P. Sie stehen sich Hand in Hand gegenüber und sehen sich an.

Q. Er schluckt, sein Hals schnürt sich zu, sein Herz krampft und seine Augen werden wässrig.

R. Er hat ihr gesagt, dass er verheiratet ist.

S. Sie sagt: „Du Schwein." Und sie gibt ihm eine Ohrfeige.

T. Er weint. Er weiß, dass er sie nie wieder sehen wird.

Nach dem Lesen: **Übungen**

❶ 1. E 2. G 3. C 4. I 5. A 6. L 7. K
  8. D 9. B 10. J 11. M 12. F 13. H

❷ 1. tapsen 2. schmieren 3. nehmen 4. ziehen
  5. warten 6. sein 7. verdienen 8. beschauen
  9. kleiden 10. hochstecken 11. setzen 12. sitzen
  13. blicken 14. grüßen 15. wechseln 16. geraten

❸ Possible answers:
  1. Der Mann tapst barfuß ins Bad. Er zieht sich an. Er packt seine Tasche. usw.
  2. Sie ist so alt wie er und auch so groß. Sie ist schlank, gut gekleidet. usw.
  3. Er fährt 40 Minuten. In der S-Bahn sind Leute; sie lesen, schlafen, usw.

❹ Possible answer:
  Der Satz „Fünfzehn Minuten nach Sieben. Der Wecker." teilt den Text visuell in Abschnitte oder Tage ein.

❺ Answers will vary.

Dies und das

No answer required.

Kapitel 4

Vor dem Lesen: **Übung**

Possible answers:

1. **a.** Frieden **b.** vereinen, verbinden **c.** Liebe
   d. Entfernung, Weite, Freiheit
2. **a.** die Freiheitsstatue **b.** ein Kind, die Farbe Weiß
   c. jemand gähnt **d.** ein tiefer Abgrund, Dunkelheit, Kettenrasseln

Beim Lesen: **Die Tochter**

A. Ihr Vater und ihre Mutter warten jeden Abend auf Monika. Sie kommt erst um halb acht.

B. Mit der Tante Maria.

C. Sie denken, sie weiß so viel. (Wer auf den Platten singt; sie hat Fläschchen und Döschen und einen marokkanischen Hocker.)

D. Sie will ein Fräulein sein und geht in einen Tearoom.

E. Sie wird ein Modejournal unter dem Arm haben, ein teures Parfüm tragen.

F. Bald wird sie sich in der Stadt ein Zimmer nehmen. Die Eltern können dann wieder um halb sieben essen.

G. Mit seiner Schwester. Sie konnte gut singen.

H. Nein. Sie glauben, sie kann Französisch, aber das Mädchen weiß nichts zu sagen.

Beim Lesen: **Der Milchmann**

A. Sie hat keine Butter bekommen, aber dafür gezahlt.

B. Sie denkt, man sollte um halb vier Uhr aufstehen, um den Milchmann kennen zu lernen. Sie meint, er könnte ihr böse sein.

C. Er kennt ihren verbeulten Topf; sie nimmt meistens 2 Liter Milch und 100 Gramm Butter.

D. Der Milchmann macht sich keine Gedanken um Frau Blum, und Frau Blum macht keine Schulden.

E. in welchem Stock Frau Blum wohnt

F. Sie haben unappetitlich saubere Hände, rosig, plump und verwaschen.

G. Possible answer: Damit er unbekannt bleibt und Frau Blum über ihn spekulieren kann. – Das Mysteriöse, Unbekannte.

Nach dem Lesen: **Übungen**

❶ Richtig: 2, 7, 8
  Falsch: 1, 3, 4, 5, 6, 9, 10

❷ Possible answers:

1 . . . nach Hause. Sie ist größer als ihre Eltern, blonder. Sie hat einen Plattenspieler in ihrem Zimmer. usw.

2 . . . auf Monika. Sie essen jetzt um halb acht. Sie warten an ihren Plätzen, der Vater oben am Tisch, die Mutter . . . usw.

❸ Answers will vary.

❹ 1. g   2. o   3. f   4. k   5. d   6. c   7. n
8. p   9. i   10. j   11. h   12. e   13. m   14. l
15. a   16. b

❺ Possible answers:

1. . . . Milch und 100 g Butter. Sie macht nie Schulden. Sie glaubt, der Milchmann hat saubere Hände, rosig, plump und verwaschen. usw.

2. . . . aber er berechnete sie. Der Milchmann kennt den verbeulten Topf. Und Frau Blum hat eine gut lesbare Schrift. usw.

❻ No answers required.

Dies und das

No answers required.

Kapitel 5

Vor dem Lesen: **Übungen**

No answers required.

Beim Lesen: **Angst**

A. Der Vormarsch der alliierten Truppen.

B. Einen Brand im Hinterhaus, der sie auf die Straße treiben könnte.

C. Ein kleines Fluchtgepäck.

D. Ihre Hefte und Tagebücher aufzubewahren.

E. Es fielen Bomben.

F. In der Stadt (Amsterdam). Sie erwarteten fliehen zu müssen.

G. Sie hatten Angst.

H. Sie aß nicht, schlief schlecht und zitterte nur.

I. Zwei grässliche Explosionen weckten alle.

J. Sie lief weg, so schnell sie konnte.

K. Sie waren taghell von brennenden Häusern.

L. Sie dachte immer nur an sich und dass sie fort müsse. Sie hatte viel Angst.

M. Sie war auf einer Wiese. Sie setzte sich auf die Erde.

N. Sie hatte keine Angst mehr, keine Sehnsucht nach der Familie. Sie wollte nur Ruhe.

O. Die Sonne ging auf, und sie sah Häuser.

P. Ihre Angst war verschwunden. Angst hilft nichts.

Q. Sie hat erkannt, dass Gott in der Natur viel näher ist, als die meisten ahnen.

Nach dem Lesen: **Übungen**

❶ 1. c   2. g   3. d   4. i   5. e   6. h
7. j   8. f   9. k   10. a   11. b

❷ 1. außen   2. Nadel   3. fühlte   4. still
5. schien   6. Angst   7. rieb   8. in der Nähe
9. Gesellschaft   10. bange

❸ 1 Zeit   2 Krieg   3 Stunde   4 Stadt
5 evakuiert   6 fliehen   7 Schießerei   8 Getöse
9 Sonne   10 Licht   11 Häuser   12 Rande
13 Augen   14 Nähe   15 Gras   16 Decke
17 Gedanken   18 Gefühl

❹ Answers will vary. Possible answers:

1. Herr Schnabel hat ein Buch über Anne Frank geschrieben. Er kannte auch Herrn Frank, Annes Vater.

2. Sie wohnten in Amsterdam in einem Hinterhaus, das mit viel Holz gebaut war.

3. Sie fürchtete, dass ein Brand ausbrechen könnte.

4. Ein Traum, der auf Wirklichem basiert.

5. Sie hatte begriffen, dass Angst nichts hilft und nicht nützt.

6. Answers will vary.

Dies und das

❶ Answers may vary.

a. Nach ihrem alten Haus und nach den familiären Geräuschen. – Sie ist jetzt aus der Heimat verbannt und weg von ihrem Freund.

b. In einem schönen Lied kann eine ganze Seele enthalten sein.

Kapitel 6

Vor dem Lesen: **Übungen**

1. Ein Gesicht, das man nicht sehen kann. Man weiß nicht, wer die Person ist.
2. Von einer jungen Frau und einem jungen Mann. Sie treffen sich und haben sich viel zu erzählen.
3. Die Frau und der Mann sagen nicht, was sie wirklich denken.

Beim Lesen: **Masken**

A. Renate und Erich trafen sich im Juli am Kölner Hauptbahnhof.

B. Dass Renate und Erich vor den Treppen standen.

C. Dass der Zug abfahrbereit war.

D. Er nahm sie in den Arm.

E. Fünfzehn Jahre.

F. Ob sie verheiratet ist und Kinder hat.

G. Sie ist nicht verheiratet. Sie hat einen tollen Job.

H. Er rief:„Donnerwetter!" Und er gratulierte ihr.

I. Er möchte sie fragen, ob sie ihn noch haben will. Sie würde ihn auslachen, wie damals.

J. Er hat Glück gehabt; er ist Einkaufsleiter in einer Hamburger Werft.

K. Sie hatten einen kleinen Streit. Er hatte ihr nicht genügt.

L. Ja. Er sieht noch gut aus, wenn auch etwas älter.

M. Sie mögen sich noch immer. Erich sagt Renate, dass er ihr einen halben Urlaubstag stiehlt. Sie sagt, das ist nicht wichtig.

N. Du bist nicht verheiratet?

O. Keine Zeit. Er hat Renate noch immer gern.

P. Sie hat einen tollen Job. Sie würde ihn auslachen wie vor 15 Jahren.

Q. Sie würde ihm gern sagen, dass sie ihm blind folgen würde.

R. Wie ein Junge.

S. Wenn der andere jetzt ein Wort sagen würde, dann würden sie zusammenkommen.

T. Sie sahen sich nur in die Augen.

U. Sie geht in einen Wagen zweiter Klasse und weint.

V. Sie hätte ihm sagen sollen, dass sie immer noch Verkäuferin ist. Sie hätte nach seiner Adresse fragen sollen.

W. Er fährt auf eine Baustelle. Er ist dort Kranführer.

X. Auf dem Bau in einer Bude in den Baracken.

Nach dem Lesen: **Übungen**

❶ 1. B 2. F 3. G 4. H 5. N 6. K 7. M
  8. C 9. J 10. A 11. D 12. L 13. E 14. I

❷ Richtig: 1, 5, 7, 8, 10
  Falsch: 2, 3, 4, 6, 9

❸ Possible answers:

1. *Renate:* Fährt nach Amsterdam. Sie ist nicht verheiratet. Sie arbeitet viel, hat keine Zeit für Männer. Ist Leiterin eines Textilversandhauses in Köln. usw.
   Erich: Kommt aus Hamburg. Hat in Köln zu tun. Er hat umgesattelt und ist Einkaufsleiter einer Hamburger Werft. usw.

2. *Renate:* Und du Erich, was machst du? – Ich habe habe in Köln zu tun. Ich habe umgesattelt und bin jetzt . . . usw.

3. *Erich:* Bist du verheiratet? – Nein, verheiratet bin ich nicht.
   Erich: Was für eine Arbeit machst du? – Ich bin Leiterin eines Textilversandhauses in Köln. usw.

4. *Einkaufsleiter:* verantwortlich für den Einkauf in einer Firma
   Bauführer: Er leitet alle Arbeiten an einem Bau.
   Kranführer: Er sitzt ganz oben auf einem Kran und transportiert schwere Sachen von einem Ort zu einem anderen. usw.

❹ Answers will vary.

Dies und das

Eine Warnung
Hauptgedanke: Einsame Menschen, die keine Heimat haben, bevor der Winter kommt.
Nietzsche war kränklich und sehnte sich nach Sonne, nach Italien, wo er oft den Winter verbrachte.

Kapitel 7

Vor dem Lesen: Übungen

gekauft, angeschafft - war mit der Mutter einkaufen
Schultasche - aus Leder: für Bücher und Laptop
Lokomotive - etwas für die Holzeisenbahn
gekauft, besorgt - meinem kleinen Bruder
Auskunft - wusste über alles Bescheid
tatsächlich, wirklich - *filler to indicate surprise*
Garage - hinter dem Auto
verstecken - damit mein Bruder sie nicht findet
neugieriger - Bruder, der etwas nicht finden soll
Geburtstag - Lokomotive für Holzeisenbahn als
    Geschenk
Ecke - dunkel, wo es schlimm riecht
faulen, verfaulten - Eier, die schlimm riechen
hingehen - es stinkt in der Ecke, also wird er nicht ...

Beim Lesen: Eine größere Anschaffung

A. Ein Mann setzte sich neben ihn und fragte, ob er eine Lokomotive kaufen will.

B. Typ, Baujahr und Kolbenweite. Er will den Anschein eines Experten erwecken.

C. Ansichten der Lokomotive.

D. Über den Preis.

E. Dass der Lieferung eine anrüchige Tat zu Grunde lag.

F. In die Garage.

G. Früher war da mal ein Fesselballon drin.

H. Jeglicher Spekulation und Gefühlsäußerung abhold; lässt nur nakte Tatsachen gelten; ist über nichts erstaunt; weiß alles besser.

I. Er hatte mehrere Kognaks getrunken.

J. Eine große Schnellzuglokomotive steht in der Garage.

K. Er hat neulich eine Bäuerin ins Krankenhaus gefahren. Es ist aber nicht wahr.

L. Er schwieg, trank noch einen Kognak und verabschiedete sich.

M. Den französischen Staatsbahnen ist eine Lokomotive abhanden gekommen.

N. Den Verkäufer der Lokomotive. Einen Kran.

Nach dem Lesen: Übungen

❶ Richtig: 2, 3, 9
Falsch: 1, 4, 5, 6, 7, 8, 10

❷ 1. nein   2. Platze   3. erwecken
4. Sack   5. einigen   6. unausstehlicher
7. Ausdruck   8. erhalten   9. einstellen
10. erwarten   11. widerstehen   12. nehmen

❸ 1 gebracht   2 entnehmen   3 Grunde
4 Idee   5 nehmen   6 Garage   7 Platz
8 halb   9 Hoch   10 Fesselballon
11 Meldung   12 Staatsbahnen   13 abhanden
14 gesagt   15 klar   16 Opfer   17 begegnete
18 zurückhaltender   19 Gelegenheit   20 Kran

❹ Answers will vary.

❺ Answers will vary.

Dies und das

Answers will vary.

Kapitel 8

Vor dem Lesen: Übungen

1. Mihriban, aus Deutschland, türkischer Abstammung; in Deutschland

2. Possible answer: Aggression

3. Heimatlosigkeit; sich nicht zu Hause fühlen, aber sich nicht beschweren

4. Possible answer: Probleme der Autorin mit dem Begriff „Heimat". Ihre Lösung des Problems.

Beim Lesen: Kämpfen oder Klappe halten

A. Sie ist hier geboren, aufgewachsen, hat hier geheiratet und zieht hier ihre Kinder groß. Ihre Familie kam aus der Türkei. Sie meint, dass sie keine Heimat hat.

B. Sie weint nicht herum, weil sie das lächerlich findet.

C. Es geht ihnen gut. Sie wissen, wo sie hingehören.

D. Ob er wirklich Türke ist.

E. Wenn jemand deutsch aussieht und spricht, verhält sich deutsch und hat einen deutschen Pass, dann wird nicht bezweifelt, dass er Deutscher ist.

F. Wenn jemand nicht aussieht wie ein Deutscher und sich nicht so verhält, aber trotzdem sagt, er wäre Deutscher.

G. Es ist wie, wenn jemand den Kühlschrank füllt, sich aber nichts herausnehmen darf.

H. Wenn jemand immer in dem Land bleibt, dessen Kultur er übernimmt, dessen Sprache er spricht und dessen Menschen er ähnlich sieht.

I. Weil das Wetter so schlecht ist, oder weil die Menschen so unfreundlich sind.

J. Sich eine Heimat zu wünschen, die sie nie haben kann.

K. Sie ist hier geboren. Sie wurde von ihren Eltern verwöhnt.

L. Realschule, Lehre als Einzelhandelskauffrau

M. Sie guckt deutsche und türkische Nachrichten oder Dokumentationen.

N. Einen Gemüseladen. Viele Deutsche.

O. Um die Leute im Laden. Sie sind wichtig.

P. Sie wollen sehen, wie die Türken leben.

Q. Sie laufen schnell raus.

R. Sie wollen etwas Neues entdecken.

S. Sie sind eingewandert.

T. Der Name und das Gesicht.

U. Um alles: um Aufenthalt, Sprache, Bildung, Staatsbürgerschaft, Anerkennung, Respekt.

V. Leute zu beneiden.

Nach dem Lesen: **Übungen**

❶
1. b	2. e	3. d	4. c	5. a	6. g
7. h	8. f	9. p	10. i	11. n	12. j
13. o	14. m	15. k	16. l	17. v	18. x
19. t	20. r	21. s	22. w	23. u	24. q

❷
1 geboren	2 geheiratet	3 ziehe
4 fühlen	5 leben	6 Heimat
7 lächerlich	8 herumheulen	9 nehmen
10 Teil	11 Gesellschaft	12 vorbereitet
13 kämpfen	14 Sprache	15 Heimat
16 bringt	17 beneiden	18 Wiege
19 beneidet	20 Möglichkeit	

❸ Answers will vary.

❹ No answers required.

Dies und das

❷
1. Die Aussprüche 3 und 4. (faltsch; an dem Dativ)
2. Die Aussprüche 1, 2 und 7.
3. Schulfächer: Die Aussprüche 8 und 9. Sport: Der Ausspruch 11
4. Answers will vary.

Kapitel 9

Vor dem Lesen: **Übung**

❶ Answers will vary.

❷ Sketches will vary. They should represent a castle with a woman for verse 3 and should symbolize broken trust for verse 4.

Beim Lesen: **Der Fischer**

A. Ein Fischer. Er angelt. Die Flut teilt sich; ein Weib kommt hervor.

B. Warum der Fischer ihre Brut lockt.

C. Wohlig; man wird dort gesund.

D. Ins Wasser.

E. Er fühlt das Wasser am Fuß und bekommt Sehnsucht.

F. Er sinkt ins Wasser und verschwindet.

Nach dem Lesen: **Übungen**

❶
1. d	2. c	3. a	4. b	5. f
6. e	7. g	8. h	9. j	10. i
11. k	12. m	13. o	14. l	15. n

Beim Lesen: **Der Handschuh**

A. Der König und andere wichtige Personen und Damen warten auf den Kampf.

B. Ein Löwe sieht sich um und gähnt.

C. Ein Tiger springt wild hervor.

D. Zwei Leoparden. Sie stürzen sich auf den Tiger.

E. Ein Handschuh.

F. Den Ritter Delorges. Er soll den Handschuh aufheben.

G. Er holt den Handschuh aus dem Zwinger.

H. Er wirft Kunigunde den Handschuh ins Gesicht. Er sagt, dass er ihren Dank nicht begehrt und verlässt sie.

Beim Lesen: **Belsatzar**

A. Des Königs Tross lärmt beim Mahl. Alle trinken Wein.

B. Er trinkt viel Wein, lästert und brüstet sich.

C. Er bringt Gold aus Jehovas Tempel. Belsatzar greift einen heiligen Becher mit Wein.

D. Er spricht zu Jehovah und ruft sich selbst als König aus.

E. Der König bekommt Angst. Es wird still im Saal.

F. Eine unsichtbare Hand schrieb Buchstaben von Feuer.

G. Nein. Ihm schlottern die Knie, und er ist totenblass.

H. Sie haben Angst und sind still.

I. Sie sollten die Zeichen an der Wand erklären, konnten es aber nicht.

J. Er wurde von seinen Knechten umgebracht.

Nach dem Lesen: **Übungen**

❶

1 Franz	2 Löwengarten	3 Kampfspiel
4 Krone	5 Balkone	6 Kranz
7 Finger	8 Zwinger	9 Löwe
10 Mähnen	11 Glieder	12 nieder

❷ 1 laut   2 Reif   3 Leu   4 murrend

❸ Answers will vary.

❹ Answers will vary.

Nach dem Lesen: **Übungen**

❺ Answers will vary.

❻

1 Babylon	2 Schloss	3 Königsmahl
4 Wein	5 Knecht	6 Mut
7 Wort	8 wild	9 zurück
10 Haupt	11 Rand	12 Mund
13 Hohn	14 bang	15 Saal
16 Wand	17 schwand	18 totenblass
19 Laut	20 verstand	21 umgebracht

❼ Answers will vary.

Kapitel 10

Vor dem Lesen: **Übung**

1. Answers will vary.
   Possible answers: Verbindung, Trennung, Fluss, Sehnsucht
2. Answers will vary.

Beim Lesen: **Die Fähre**

A. Gegen Norden ist das Tal dunkel und dicht. Hügel und Wälder sind nahe.

B. Das Herrenhaus.

C. Seine Augen sind jung und scharf. Er sieht, wenn sich in der Ferne Zweige biegen.

D. Sie ist mitten in der Einsamkeit des Buschlandes. Es ist dort sandig und versteint und geht in Wiese und Feld über.

E. Das Herrenhaus, das „Schloss", und den Herrn am Fenster.

F. Er ist ruhelos und kommt manchmal ans Ufer und kehrt wieder um.

G. Nein, wohl nicht. Der Herr verbreitet Scheu und Ratlosigkeit. Josip mag nicht daran denken.

H. Er lässt platte Steine auf dem Wasser springen.

I. An Maria. Sie bringt Beeren, Brot und Honig zum Herrn.

J. Dass Maria dem Herrn alle Dinge ins Haus tragen muss.

K. Er ist verwirrt, und es schmerzt ihn.

L. Nein. Josip meint, dass der Herr an große Dinge denkt, nicht an Maria.

M. Das Herrenhaus, wo der Herr wohnt, und zu dem Maria geht.

N. Er wartet auf Maria.

O. Es ist spät. Josip will Maria nicht zum Herrenhaus hinüberfahren.

P. Maria trägt nichts bei sich.

Q. Er findet sie töricht und verachtet sie ein wenig.

R. Ihm ist heiß. Er ist erzürnt und verwirrt.

S. Sie will ihm doppelt so viel zahlen.

T. Ich fahre nicht mehr.

U. Er wird dich nicht ansehen, dein Kleid ist nicht fein. Er hat anderes zu denken.

V. Sie weint.

W. Weil Maria nun gehen will.

X. Er denkt an den Winter und ob Maria mit ihm tanzen will.

Y. Sie sagt „vielleicht". Sie wirkt beschämt.

Z. Trüb. Keine Welle hat den schäumenden Silberkranz. Auch Josip fühlt sich trüb, ohne Leben und getrennt von Maria.

Nach dem Lesen: **Übungen**

❶ 1. b   2. c   3. a   4. e   5. i
   6. d   7. h   8. f   9. j   10. g

❷ 1 Augen   2 sieht   3 Zweige   4 Fähre
   5 Korbflechterinnen   6 Ufer   7 Fremder
   8 Männern   9 heiteren   10 Herrenhaus
   11 Fenster   12 steht   13 jenem
   14 Wald   15 überqueren   16 verneint
   17 streift   18 Ufer

❸ 1. f   2. c   3. a   4. l   5. e   6. j
   7. b   8. k   9. h   10. i   11. d   12. g

❹ Answers will vary.

Kapitel 11

Vor dem Lesen: **Übung**

1. Mordlust, Gemeinheit
2. Tiger, Löwen
3. Possible answers:
   Die Bremer Stadtmusikanten, Rotkäppchen, usw.
4. Die starken, schnellen – die kleinen, schwachen

Beim Lesen: **Wenn die Haifische Menschen wären**

A. Sie würden Kästen bauen, mit Nahrung und frischem Wasser. Sie würden sanitäre Maßnahmen treffen und Wasserfeste organisieren.

B. Damit die Fischlein nicht trübsinnig würden.

C. Sie würden lernen, in den Rachen der Haifische zu schwimmen.

D. Wenn ein Fischlein sich freudig aufopfert.

E. Gehorsam zu sein.

F. Vor materialistischen, egoistischen und marxistischen Neigungen.

G. Kriege führen.

H. Von ihren Fischlein.

I. Einen Orden und den Titel „Held".

J. <u>Bilder,</u> auf denen Haifischzähne und Haifischrachen dargestellt sind. <u>Theater,</u> in denen Fischlein heldenmütig in Haifischrachen schwimmen. <u>Musik,</u> die dazu verleitet, in Haifischrachen zu schwimmen.

K. Dass das Leben erst im Haifischbauch richtig anfängt.

L. Nein, einige würden über die anderen gesetzt.

M. Sie würden für Ordnung sorgen und hohe Posten haben.

N. Wenn die Haifische Menschen wären.

Nach dem Lesen: **Übungen**

❶ 1 bauen   2 sorgen   3 treffen   4 verletzen
   5 gemacht   6 geben   7 schmecken   8 lernen
   9 schwimmt   10 brauchen   11 finden
   12 unterrichtet   13 aufzuopfern   14 beibringen
   15 lernten   16 hüten   17 melden
   18 führen   19 erobern   20 lassen
   21 bestehe   22 verkünden   23 anheften
   24 verleihen   25 tummeln   26 schwimmen
   27 strömten   28 leben   29 aufhören
   30 bekommen   31 gesetzt   32 auffressen
   33 sorgen   34 werden

❷ Answers will vary.

Kapitel 12

Vor dem Lesen: **Übungen**

Possible answers:
1. . . . so wären die anderen entsetzt.
2. Weil sein hoher, steifer Kragen ihn würgte . . .
3. . . . konnte er ein Glas balancieren.
4. . . . wäre das eine Tragödie.
5. . . . beginnen sie mit dem Essen.

Beim Lesen: **Mal was andres**

A. Sie benahmen sich wie bei Hofe und kannten kein derbes Wort.

B. Sie betraten kurz vor zwölf den Speisesaal und stellten sich hinter ihren Stühlen auf.

C. Die Mutter trug einen Hut, den Vater würgte ein steifer Kragen.

D. Der Sohn war nicht da.

E. Eisig.

F. Seine seltsame, gewitternde Miene.

G. Er beugte sich nieder und ging auf den Händen zum Tisch.

H. Er musste den Verstand verloren haben.

I. „Mal was andres!"

J. Sie fuhren wie ein Donnerschlag auf die anderen nieder.

K. Etwas Schlimmeres konnte nicht ausgesprochen werden.

L. Er hielt seine Gabel mit den Zähnen fest und stellte ein Glas auf den Griff.

M. Einverständnis.

N. Sie löste ihre Haarfrisur und schnitt ihre Bluse auf.

O. Sie wollten wissen, was die Mutter sagen oder tun würde.

P. Sie sprangen über die Stühle, schmierten Senf an die Bilder, rollten den Teppich auf, usw.

Q. Sie hörten Musik und sahen Schausteller auf der Straße.

R. Wollt ihr nicht mit uns tauschen?

S. Sie berieten sich erst und wollten den Fall aushandeln.

T. Sie wechselten die Kleider und das Dasein.

U. Er sollte den neuen Hausbesitzern dienen.

V. Die Familie als Schausteller. Der Sohn blies Trompete, die Tochter spielte Ziehharmonika, der Vater Gitarre und die Mutter hatte Probleme mit der Trommel.

Nach dem Lesen: **Übungen**

❶ 1. f   2. g   3. b   4. d   5. c   6. a
7. e   8. h   9. o   10. m   11. k   12. p
13. n   14. l   15. j   16. i   17. v   18. w
19. q   20. s   21. u   22. t   23. r   24. x

❷ 1 Essen   2 Gabel   3 Zähnen   4 Gläser
5 Gabelgriff   6 Glas   7 Augen
8 nahm   9 erste   10 gelungen
11 stürzten   12 zersprangen

❸ Answers will vary.

❹ Answers will vary.

ACKNOWLEDGMENTS *(continued from page ii)*

Rowohlt Verlag GmbH: "Mal was andres" from *Gesammelte Erzählungen* by Kurt Kusenberg. Copyright © 1969 by Rowohlt Verlag GmbH, Reinbek.

Suhrkamp Verlag, Frankfurt am Main: "Aus dem Dreigroschenfilm" and "Die Moritat von Mackie Messer" from *Gesammelte Werke* by Bertolt Brecht. Copyright © 1967 by Suhrkamp Verlag, Frankfurt am Main. "Wenn die Haifische Menschen wären" from *Geschichten von Herrn Keuner,* from *Gesammelte Werke.* Copyright © 1967 by Suhrkamp Verlag, Frankfurt am Main. "Eine größere Anschaffung" from *Lieblose Legenden* by Wolfgang Hildesheimer. Copyright © 1962 by Suhrkamp Verlag, Frankfurt am Main.

Verlag Kiepenheuer und Witsch GmbH & Co KG: "Meine ungezählte Geliebte" (previously titled "An der Brücke") from *Gesammelte Erzählungen* by Heinrich Böll. Originally published in 1949. Copyright by Heinrich Böll, Werke, Band 1. Copyright © 1994 by Verlag Kiepenheuer & Witsch, Köln.

Frank Zimmermann: "Fünfzehn Minuten nach Sieben." by Frank Zimmermann from *http://www.leselupe.de/ lw/showthread.php?threadid=12272*, accessed on January 10, 2002. Copyright © 2001 by Frank Zimmermann.